소현세자는
말이 없다

금요일엔
역사책
10

소현세자는
말이 없다

이명제 지음

독살설에서 영웅 신화까지

한국역사연구회
역사선

푸른역사

역사를 제대로 공부해보고자 대학에 입학했지만 그리 성실한 학
생이 아니었던 탓인지 졸업 무렵 제게 남겨진 선택지는 몇 가지
없었습니다. 결국 대학원 진학을 통해 공부를 보충하자는 선택을
하게 되었습니다.

원대한 포부를 가지고 진학했던 것은 아니었습니다. 스스로의
부족함을 깨달을 시간은 충분했기 때문에 모자란 공부를 채우는
것이 목표였을 뿐이었습니다. 목표가 불명확하니 무엇을 공부해
야 할지도 몰랐습니다. 그저 하루하루 수업을 따라가며 영양가
없는 고민만을 반복했습니다. 그 보잘것없는 고민을 진지한 학문
적 성찰로 살펴봐준 사람을 만난 것은 아마도 제 인생 최고의 행
운 중 하나였을 것입니다. 그렇게 이제는 지도교수가 된 노대환
선생님과 지금도 많은 부분에서 의지하는 김성희 선배를 만나 조

선사에 입문하게 되었습니다.

조선사를 선택한 후 어떤 방식으로 조선을 이해할 수 있을 것인가 고민했습니다. 다양한 방식이 존재하겠지만 제가 주목했던 것은 사신들의 기록이었습니다. 지금과 달리 국경을 넘는 것이 불법으로 규정된 시대에 사신은 합법적으로 조선 밖의 세계를 체험할 수 있는 특별한 존재였습니다. 바로 이 사신의 기록을 통해 조선 사람들이 세상을 바라보는 시선, 반대로 세상 사람들이 조선을 바라보았던 시선을 확인하고 이를 통해 조선의 정체성을 규정해보고자 했습니다.

이는 분명 흥미로운 작업이었습니다. 하지만 한 가지 문제에 봉착했습니다. 조선이 주로 사신을 파견한 국가는 중국에 해당하는 '명'과 '청'이었습니다. 다시 말해 조선은 명과 청이라는 렌즈를 통해 세계를 바라보았던 것입니다. 그런데 이 렌즈는 결코 고정적인 것이 아니었습니다. 명과 청이라는 두 개의 국가는 시차를 두고 존재했습니다. 하나의 국가만 바라보더라도 안심할 수는 없습니다. 명과 청 모두 시간의 흐름에 따라 변화를 거듭했기 때문입니다. 렌즈만 바뀌는 것도 아니었습니다. 렌즈를 바라보는 주체인 조선도 매순간 달라졌습니다. 결정적으로 조선과 중국의 관계가 시시각각 변했습니다. 제가 봉착한 문제는 바로 실시간으로 변화하는 조선과 중국, 그리고 이들의 관계를 제대로 포착하지 못하고 있다는 것이었습니다.

문제를 해결하기 위해 할 수 있는 부분에 집중하고자 했습니

소현세자는 말이 없다 ──●

다. 사신 기록이 조선 후기에 집중되어 있었던 만큼 그나마 친숙한 조선과 청의 관계에 접근해보기로 마음먹었습니다. 관계의 변화를 포착하기 위해 첫 만남에 주목했습니다. 물론 청의 전신이었던 후금, 그리고 건주여진 단계에서도 조선과의 접촉은 있었지만 이 부분은 선학들의 연구에 의지하고, 조선과 청이 군신관계를 수립하는 1637년 이후를 연구의 출발 지점으로 선택했습니다.

조선과 청이 군신관계를 맺게 된 결정적 계기는 '병자호란'이었습니다. 패전의 멍에는 장시간 여러 분야에서 조선을 옭아맸습니다. 예를 들어 조선은 패전의 대가로 평화유지비에 해당하는 '세폐'를 매년 청에 납부해야 했는데, 이는 조선과 청의 군신관계가 종결되는 1893년까지 지속되었습니다. 병자호란으로 야기된 관계의 불평등은 인질 문제를 통해서도 확인할 수 있습니다. 병자호란을 승리로 이끌었던 청 황제 홍타이지는 충성의 징표로 인질을 요구했습니다. 세폐와 달리 인질 문제는 1644년 종결되었지만 8년 동안 조선은 세자를 포함한 왕자 2명과 고관대작의 자제를 인질로 보낼 수밖에 없었습니다.

인질들의 입장에서 8년은 지옥 같은 나날들이었을 겁니다. 하지만 연구자의 입장에서 이 8년은 정말 소중한 순간입니다. 인질 소현세자를 보필했던 세자시강원 관원들이 하루도 거르지 않고 당시의 상황을 기록한 《심양일기》와 조선에 발송한 보고서에 해당하는 《심양장계》가 남아 있기 때문입니다. 심양이라는 공간에서 전달한 날것 그대로의 기록은 조선과 청의 관계를 이해할 수 있는 실마리를 제공합니다. 특히 이 8년은 조선과 청이 군신관계를 수립한 직후에 해당합니다. 조선과 청은 거시적 차원에서 새로운 관계에 합의했지만 이러한 합의에는 빈틈이 많이 존재했습니다. 힘의 우위를 확인받으려는 청의 의지와 자율성 및 독립성을 확보하려는 조선의 시도가 사사건건 충돌했고, 인질들이 머무르고 있던 심양관은 그러한 충돌에 완전히 노출되어 있었습니다. 《심양일기》와 《심양장계》에는 조·청 간의 갈등이 조정되고 합의되는 과정이 고스란히 담겨 있었고, 이렇게 전달된 경험은 이후 양국 관계를 이끌어나가는 훌륭한 전례로 기능했습니다.

물론 《심양일기》와 《심양장계》가 세자시강원 관원들에 의해 기록되었다는 사실을 간과해서는 안 됩니다. 세자시강원 존재의 목적은 세자를 보필하는 것입니다. 세자시강원 관원들이 심양에 머물렀던 이유는 소현세자가 인질로 심양에 끌려갔기 때문이었습니다. 따라서 세자시강원 관원들이 남긴 《심양일기》와 《심양장계》 역시 소현세자의 일거수일투족을 중심으로 서술되어 있습니다. 이 기록을 탐닉하다 보니 자연스레 소현세자와 친밀해지게 되었습니다.

그렇게 제가 접한 소현세자를 한 마디로 정의하면 '존재의 미약함'이었습니다. 인질이긴 했지만 소현세자에 대한 대우가 나빴던 것은 아니었습니다. 청에서는 소현세자를 조선의 차기 왕위 계승권자로 인정하며 많은 편의를 봐주었습니다. 문제는 현실이었습니다. 조선은 청과 군신관계를 맺었지만 마음까지 바친 것은

소현세자는 말이 없다 ──●

아니었습니다. 여전히 명을 상국으로, 청을 복수의 대상으로 여겼습니다. 그 결과 갈등은 지속되었고, 세자가 머물렀던 심양관은 매번 갈등의 직격탄을 맞았습니다. 청 황제 홍타이지, 조선 국왕 인조는 모두 나름의 기대를 품은 채 세자를 바라보았고, 세자가 두 사람을 동시에 만족시키는 것은 불가능했습니다. 세자의 선택은 세자를 보필하는 동료이자 감시자들에 의해 매번 보고되었습니다. 행동은 물론, 생각의 자유조차 소현세자에게 허락되지 않았습니다. 이러한 생활은 소현세자의 건강을 좀먹기 시작했습니다. 얼마나 힘들었을까요?

하지만 저의 관심은 어디까지나 조선과 청의 관계를 이해하는 것이었습니다. 따라서 소현세자에 대한 개인적인 감상은 기억 한편에 담아둔 채 일상을 영위했습니다. 그런데 어느 날 인터넷 커뮤니티에서 한 가지 게시물을 보게 되었습니다. 인조와 소현세자에 대한 세간의 평가를 반영한 글이었는데, 그곳에는 매우 강인한 소현세자가 존재하고 있었습니다.

제가 그렸던 소현세자와 너무 다른 소현세자를 마주하고 당혹감에 휩싸였습니다. 그래도 애써 침착한 척 현재 공유되고 있는 소현세자의 위상을 조사해보기 시작했습니다. 그 결과 매우 놀라운 사실을 알게 되었습니다. 소현세자는 첨단의 서양 문물을 수용하고자 했던 선구자이자 유능한 외교관, 노예 해방가, 농장 경영인의 모습을 겸비한 인물이었던 것입니다. 또한 명·청 교체의 현장을 목격하면서 청 중심의 세계관을 수용하는 급진성도 갖추고 있었습니다. 어느새 소현세자를 둘러싼 거대한 서사가 완성되어 있었고, 많은 사람들이 소현세자를 그렇게 바라보고 있었습니다.

당혹감은 이내 호기심으로 바뀌었습니다. 미약한 소현세자와 강인한 소현세자, 왜 같은 존재를 바라보면서 서로 다른 소현세자의 모습을 발견한 것일까? 여기서부터 소현세자를 향한 저의 연구가 시작되었습니다. 이 책은 당대의 소현세자와 마주하기 위한 저의 몇 가지 연구 성과를 집약한 결과물입니다. 기존의 성과 중에는 학술논문도 있었고, 가벼운 대중원고도 있었으며, 최근 개봉했던 영화 〈올빼미〉에 대한 미디어 비평도 포함되어 있습니다. 산재해 있는 원고를 소현세자의 일생에 맞추어 재편집하고 최대한 비슷한 톤으로 전달하려 노력했습니다. 또한 기존의 성과에서 다루지 못했던, 예컨대 소현세자의 실책과 관련한 부분도 추가로 삽입했습니다.

책은 총 다섯 장으로 구성되어 있습니다.

첫 번째 〈세자가 되다〉에서는 소현세자를 비롯해 많은 사람의 운명을 뒤바꿔놓았던 인조반정을 다루었습니다. 인조반정은 광해군의 정치적 실책을 명분으로 일어난 쿠데타입니다. 여기에서는 이후 소현세자의 삶에도 큰 영향을 미치는 광해군의 대 후금(훗날의 청) 외교를 중점적으로 살펴보았습니다.

두 번째 〈인질이 되다〉에서는 정묘호란과 병자호란을 거쳐 조선이 청의 제후국으로 편입되고 소현세자가 인질로 끌려가는 과정을 다루었습니다. 또한 두 차례 전쟁에서 소현세자가 수행했던 역할도 조망하고자 했습니다. 특히 정묘호란 당시 소현세자는 분조를 이끌었는데, 당시의 활동은 인조로부터 그다지 호평을 이끌어내지도 못했으며 훗날 인조와 소현세자의 사이를 벌려놓는 한 가지 사건의 도화선이 되기도 했습니다.

세 번째 〈심양에서의 삶과 한양에서의 죽음〉에서는 8년 동안의 인질 생활과 귀국 후 두 달 만에 일어난 사망 사건을 다루었습니다. 특히 소현세자를 향한 조선과 청의 기대가 충돌하는 지점을 확인하고, 소현세자와 인조의 관계가 극단으로 치닫는 과정을 조명하고자 했습니다.

네 번째 〈영웅이 되다〉에서는 소현세자의 삶이 재조명되는 계기와 현재 통용되는 소현세자 서사의 탄생 과정을 살펴보았습니다. 이를 통해 당대 조선에서는 비운의 인물로만 비춰졌던 소현세자가 현대에 이르러 조선의 미래를 바꿀 수 있는 가능성을 가진 영웅으로 변모하는 흐름을 정리해보고자 했습니다.

다섯 번째 〈역사 속의 소현세자와 대면하기〉에서는 소현세자 서사를 재검토하며 당대 소현세자의 삶을 재구성하고자 노력했습니다. 특히 소현세자 서사에서 주로 다루어지는 외교관, 노예 해방가, 농장 경영인, 현실주의자, 서양 문물 수용자로서의 소현세자 모습이 역사적 실제와 다름을 입증하고자 했습니다. 또한 소현세자 '독살설'에서 인조를 변호하고자 했습니다.

이 책은 처음부터 끝까지 소현세자와 관련된 내용으로 구성되어 있습니다. 하지만 정작 이 책을 통해 나누고 싶은 이야기는 소현세자가 아니라 소현세자가 관심을 받게 되는 과정에 개입되었던 다양한 욕망에 관한 것입니다. 소현세자가 주목되기 시작한 것은 1920~30년대부터입니다. 100년에 걸쳐 많은 사람들이 소현세자를 재조명했습니다. 하지만 그들에게 중요했던 것은 소현세자라는 인물 자체의 삶이 아니라 소현세자를 통해 구현될 욕망이었습니다. 100년 전 일본인 학자들은 조선의 실패를 설명할 존재로서, 100년 후 대한민국 국민은 병자호란이라는 치욕적인 경험을 극복하고 부국강병의 조선을 건국하여 근대화를 이룰 가능성을 가진 존재로서 소현세자를 주목했던 것입니다. 욕망이 앞서면 눈은 가려지게 마련입니다. 사람들은 강인한 소현세자를 원했고, 역사 속 소현세자는 자신의 의지와 무관하게 강인해질 수밖에 없었습니다. 그 과정에서 정작 중요한 소현세자의 목소리는 어디에서도 찾아볼 수 없습니다. 이 책의 제목을 '소현세자는 말이 없다'라고 붙인 이유도 바로 여기에 있습니다.

　마지막으로 이 책이 출간되기까지 많은 사람들의 도움을 받았습니다. 짧게나마 감사 인사를 올리고자 합니다. 먼저 언제나 큰 힘이 되어주는 노대환 선생님 이하 동국대학교의 많은 선생님들과 동학들에게 감사를 드립니다. 한국역사연구회 중세국제관계사연구반은 연구자로서 항상 자극을 받는 모임입니다. 이 자리를 빌려 다시 한번 감사를 표합니다. 부족한 원고에 대해 출간을 허락해주신 푸른역사의 박혜숙 선생님과 꼼꼼히 편집해주신 정호

영 선생님께도 감사를 드립니다. 가족들은 제가 살아갈 수 있는 근원입니다. 언제나 부족한 저를 조건 없이 지지해주시는 부모님과 장모님께 감사드립니다. 그리고 누구보다도 많이 고생하는 평생의 동반자 아내와 우리의 빛으로 소중히 커가는 채하에게 고맙다는 말을 전합니다. 아내와 딸의 응원이 있었기 때문에 이 책을 낼 수 있었습니다.

이 책을 통해 바라보는 이의 욕망이 투영된 '영웅' 소현세자가 아닌 역사 기록에서 찾아볼 수 있는 '인간' 소현세자의 모습이 전달될 수 있기를 희망합니다. 원고는 여전히 부족함으로 메워져 있습니다. 이는 전적으로 저자인 저의 미흡함 때문입니다. 많은 독자들의 질정을 바랍니다.

2024년 6월

이명제

프롤로그
一죽음으로 뿌려진 씨앗

누구도 생존을 장담할 수 없는 격랑의 시대였다. 전쟁이 불러온 재앙은 사람을 가리지 않았다. 평범한 일상을 영위하던 농부와 부귀영화를 누리던 고관대작, 심지어 조선 왕실의 구성원도 참화에서 자유롭지 못했다.

1645년 4월 26일, 조선의 세자 이왕李浧이 창경궁 환경당에서 세상을 떠났다. 이왕의 죽음 역시 병자호란이 초래한 비극의 연장선이었다. 조선의 차기 왕위 계승권자마저 잔혹한 운명을 피하지 못한 것이다. 장례를 치르는 과정에서 세상을 떠난 세자에게 '소현昭顯'이라는 시호가 내려졌다. 그가 바로 오늘 이야기의 주인공, 소현세자다.

소현세자는 병자호란이 종결된 1637년 1월 30일부터 인질 생활을 시작했다. 인질 생활은 8년이라는 시간이 흘러서야 마무리되었고, 1645년 2월 18일 소현세자는 한양으로 돌아올 수 있었다. 짧지 않은 시간이었지만 그래도 무사히 돌아오게 되었으니 다행이 아닐 수 없었다. 하지만 모진 인질 생활을 마친 지 두 달 남짓만에 죽음을 맞이했으니 이보다 안타까운 일도 드물 것이다.

비극은 여기서 끝이 아니었다. 소현세자의 죽음으로 발생한 공백을 메우기 위한 조치들이 취해졌지만, 세자의 남겨진 가족에 대한 배려는 없었다. 공석이 되어버린 세자 자리는 적장자 계승의 원칙상 소현세자의 아들, 즉 원손이 차지해야 마땅했다. 하지만 국왕 인조의 선택은 소현세자의 동생이었던 봉림대군[*]이었다. 차기 왕위 계승권자가 봉림대군으로 결정되자 소현세자의 세 아들은 봉림대군을 위협하는 불안요소로 전락해버렸다. 결국 1646년 소현세자의 부인이었던 강빈은 인조 독살 사건의 배후로 지목되어 사사되었고, 세 아들은 제주도에 유배되었다. 어린아이들에게 1년 사이에 부모를 모두 잃고 시작한 타향 생활은 참혹함 그 자체였다. 결국 세 아들 중 장남 석철과 차남 석린은 유배지에서 사망했고, 막내 석견만 살아남을 수 있었다. 석견은 1656년 유배에서 풀려났지만 20대 초반의 나이로 쓸쓸히 생을 마감했다. 소현세자의 죽음으로 시작된 불행이 그의 부인과 아들까지 덮치고 만 것이다.

* 훗날의 효종.

소현세자와 그의 가족에게 닥친 불행은 어디서부터 시작된 것일까? 소현세자의 '죽음'에 대해서는 곧잘 이야기되지만, 막상 소현세자의 '삶'은 잘 알려져 있지 않다. 이 책에서는 비극으로 점철된 소현세자의 죽음보다는 비극으로 치달을 수밖에 없었던 그의 삶을 다루어보고자 한다. 나아가 소현세자의 죽음 이후 그의 존재가 부각되는 과정과 그에 대한 세간의 평가가 온당한 것인지 검토해보고자 한다.

01

세자가 되다

격변에 휩싸인 동아시아

소현세자가 인질 생활을 끝마치고 조선으로 귀국한 지 두 달 만에 사망한 사실은 청에서의 인질 생활이 그의 사망에 모종의 영향을 끼쳤음을 암시한다. 그렇다면 소현세자는 인질로 생활한 8년간 어떤 일을 겪었을까? 아니, 애초에 소현세자는 왜 인질로 끌려가게 된 것인가?

사실 소현세자는 태어날 때부터 세자 신분은 아니었다. 1612년 소현세자가 태어날 무렵 조선 국왕이었던 광해군은 소현세자의 할아버지였던 정원군의 배다른 형이었다. 소현세자 역시 왕족임에는 틀림없었지만 세자 내지 국왕이 될 운명은 아니었던 것이다.

하지만 1623년 인조반정이 일어나면서 소현세자의 삶에도 극적인 변화가 찾아온다. 소현세자의 아버지였던 능양군이 광해군

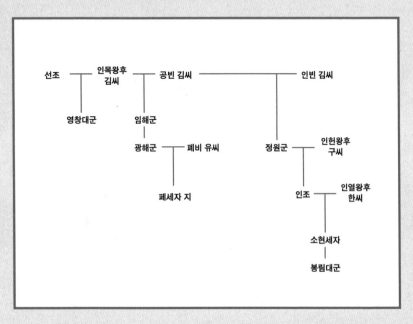

[그림 1] 소현세자 가계도

소현세자가 태어났을 무렵 조선의 국왕은 광해군이었다.

따라서 소현세자는 궁궐이 아닌 회현방(지금의 서울특별시 중구)의 사저에서 태어났다.

을 몰아내고 국왕 인조로 등극한 것이다. 반정 직후 반포된 교서에는 반정의 명분으로 다섯 가지를 제시하고 있다. 교서의 핵심이라고 할 수 있는 가장 마지막 명분은, 광해군이 명나라를 배신하고 오랑캐와 내통했다는 취지였다. 다시 말해 광해군의 외교정책에 심각한 하자가 있었다는 것이다.

반정 세력이 광해군의 외교를 이렇게 평가한 근거는 무엇일까? 조선은 건국 직후부터 명나라에 사대를 표방했다. 새로 세운국가를 빠르게 안정시키기 위해 주변 강대국의 인정이 필요했기때문이다. 마찰이 없었던 것은 아니다. 당시 명나라는 여진인들이 살고 있는 요동 지역으로 세력을 확장하고자 했다. 문제는 조선 역시 요동 지역에 대한 영향력을 확대하고 싶어 했다는 데 있었다. 결국 이 문제로 인해 양국은 몇 차례의 마찰을 빚으며 때론극한의 긴장 상태에 빠지기도 했다.

이러한 긴장이 해소된 건 15세기 중반 무렵부터였다. 요동 지역의 여진인들은 틈만 나면 명이나 조선의 통제에서 이탈하고자시도해왔다. 그런데 이 시기에 이르면서 명과 조선 모두 쉽사리여진을 통제할 능력을 상실하고 만 것이다. 여진 사회를 단독으로 제어할 수 없게 되자 조선과 명은 공동 군사 작전을 통해 우위를 확보했다. 역설적이게도 조선과 명의 군사적 능력이 약화되고나서야 양국 관계가 끈끈해진 것이다.

16세기에도 조선과 명은 평화적인 관계를 유지했다. 당시 명나라는 전 세계에서 가장 부유한 국가였다. 많은 세력이 명의 부를 노리고 접근하기 시작하면서 명은 점차 불법 무역과 폭력에 노출되었다. 하지만 조선은 명이 가지고 있는 경제적 능력에 큰 관심을 두지 않았고, 명은 그러한 조선을 '예의의 국가'라 칭찬했다.

양국의 우호적 관계는 임진왜란을 겪으면서 절정에 이른다. 1592년 일본의 도요토미 히데요시가 대륙 침략의 발판으로 삼기 위해 시작한 임진왜란은 한·중·일 삼국이 휘말리는 국제전으로 확대되었다. 흥미로운 사실은 일본의 고니시 유키나가 부대가 이끄는 선봉군이 부산에 상륙한 것이 4월 13일이었는데, 명나라의 구원병이 압록강을 넘어 조선의 경내에 진입한 것이 6월 14일이라는 점이다. 명군의 참전까지 두 달밖에 소요되지 않았다는 사실은 명의 파병이 전격적으로 이루어졌음을 의미한다. 여러 가지 요인이 있었겠지만 긴 시간 유지해온 양국의 우호적 관계가 파병의 가장 근본적인 동력이 되었을 것이다. 명의 파병으로 인해 조선과 명의 우호적 관계는 한층 단단해졌다. 특히 조선은 명의 파병을 '재조지은再造之恩'*으로 표현하며 명에 대한 의리를 다짐했다.

그렇게 조선과 명이 일본의 도전에 직면한 사이 요동 지역에서는 한 명의 여진인이 기지개를 켜기 시작했다. 그의 이름은 누르하치努爾哈赤로, 압록강 북쪽 지역을 거점으로 하는 건주여진 출신이었다. 1583년 본격적으로 활동을 시작한 누르하치는 불과 5년

---

* 망할 뻔한 나라를 다시 세워준 은혜.

[그림 2] 누르하치

[그림 3] 건주·해서·야인여진 세력 분포

당시 여진족은 크게 건주여진, 해서여진, 야인여진으로 구분할 수 있다.

누르하치의 건주여진은 압록강 너머에 위치하여 조선과 가까운 거리에 있다.

만에 건주여진 세계를 통일했다. 명은 여진 부족 간의 경쟁을 부추기며 분열시키는 정책으로 여진 사회를 통제해왔었다. 하지만 누르하치의 등장으로 인해 명의 계획에 차질이 빚어지게 되었다.

명은 우선 누르하치를 건주위 도독첨사로 임명하여 그의 실력을 인정하는 대신 명의 질서 안으로 포섭하고자 했다. 하지만 임진왜란이 발발하면서 누르하치는 점차 명의 영향권에서 이탈하기 시작했다. 그렇다고 누르하치가 곧바로 명이나 조선을 위협할 수 있는 상황은 아니었다. 아직 힘이 약하기도 했거니와 여전히 요동 지역에 쟁쟁한 경쟁자들이 즐비했기 때문이다. 실제로 1593년 해서여진과 몽골의 아홉 부족이 연합군을 결성하여 누르하치의 건주여진을 제압하고자 했다. 하지만 누르하치는 이 9부 연합군의 공격을 방어해내면서 명실공히 여진 세계의 최강자로 거듭났다.

누르하치는 해서여진과 야인여진을 차근차근 병합하며 여진 세계의 대부분을 정복했다. 결국 1616년 '아이신구룬', 즉 현재 '후금'이라 부르는 국가를 건립하게 된다. 누르하치가 국가를 건설하자 명과 조선 입장에서도 더 이상 그를 좌시할 수 없게 되었다. 명은 후금에 대해 경제적 봉쇄조치를 취하는 한편, 1618년 군사 작전을 감행하기로 결정한다. 다만 명의 힘만으로 후금을 제압하는 것은 불가능에 가까웠기 때문에 공동 군사 작전을 기획했다. 작전을 함께할 대상은 해서여진의 여허와 조선이었다.

사실 명과 여허, 조선의 입장은 동일하지 않았다. 명은 누르하치와 원한 관계도 있었을 뿐만 아니라 이미 군사적으로도 마찰을 빚고 있는 상황이었다. 여허 역시 이미 다른 여진 세력들이 누르하치에게 잠식당하던 상황이라 일전을 피할 수 없었다. 하지만 조선은 후금과 국경을 맞대면서 외교적으로 대면하는 경우가 있긴 했지만 큰 갈등을 겪은 것은 아니었다. 오히려 누르하치는 조선과 원만한 관계를 형성하기 위해 노력했고, 당시 조선의 임금이었던 광해군 역시 후금과 굳이 마찰을 일으킬 생각이 없었다.

그러자 명과 조선의 관계가 문제가 되었다. 조선은 건국 당시부터 명을 섬기고 있었는데 이는 단순히 형식적인 수준이 아니었다. 이미 양국은 15세기 중반부터 공동 군사 작전을 수행했으며 16세기 후반 임진왜란을 함께 극복했던 기억을 공유하고 있었다. 조선과 명의 관계는 명목상의 군신관계를 넘어 부자관계로 인식되는 상황이었다. 따라서 후금에 대한 명의 군사 작전 제안을 조선이 거부하기란 쉽지 않았다. 더군다나 그때까지는 조선과 후금이 큰 갈등을 겪지는 않았지만, 양국이 국경을 맞대고 있는 이상 언젠가 부딪힐 수밖에 없는 운명이라는 점도 고려해야 했다.

결국 후금에 대한 출병 여부를 두고 광해군과 신료들 사이에 갈등이 빚어지기 시작했다. 광해군은 어떤 핑계를 대서라도 명의 요구를 거절하자는 입장이었던 반면, 신료들은 명에 대한 의리를 강조하며 출병을 받아들여야 한다는 관점을 고수했다.

최근 이러한 갈등에 주목하여 광해군의 외교를 재조명하는 논의가 이어지고 있다. 광해군이 명과 후금 사이에서 취한 중립적인 자세가 당시 조선이 취할 수 있는 최선의 선택이었다는 평가이다. 반면, 광해군과 달리 출병을 주장한 신료들의 선택은 현실을 자각하지 못한 근시안적 시각으로 폄하되었다. 현실과 명분이라는 이분법적 구도가 형성된 것이다. 하지만 국가를 운영하는 최고의 엘리트 집단이 단체로 최면이라도 걸린 마냥 명에 대한 의리만을 강조했다는 것은 상식적으로 납득되지 않는다. 오히려 광해군과 신료들의 대립은 조선의 피해를 줄이기 위한 방법에서 입장 차이가 있었다고 보는 편이 적절할 것이다. 다음의 인용문은 당시 조선 신료들의 입장을 명확하게 보여준다.

> 승정원의 박정길, 이위경, 정규 등이 아뢰었다.
> "지금 대소 신민들 모두가 말하기를, '우리나라가 즉시 달려가 구원하지 않는다면 장차 명 조정과 사달이 일어날 것이 분명하다'라 하고, 또 '명 조정과 우리나라 사이의 관계가 돈독하지 않다는 것을 누르하치가 알게 되면 거리끼는 마음이 사라져 우리나라 쪽으로 침범해 올 걱정이 있게 될지도 모른다'고 하고 있습니다"(《광해군일기》 권128, 광해 10년 5월 4일 신묘).

조선의 신료들은 일차적으로 조선이 출병을 하지 않을 경우 명과 사이가 벌어질 것을 우려하고 있다. 명과 후금이 갈등하는 상황에서 조선이 명을 돕지 않는다는 것은 후금의 편을 들어주는 것으로 보일 수 있다. 실제로 당시 누르하치는 조선에 중립을 요구했기 때문에 조선이 출병을 거부한다면 후금의 뜻에 부합하는 상황이었다. 그러나 냉정하게 따져보면 국력으로 보나 명분으로 보나 조선은 명과 한 배를 타는 것이 합리적인 상황이었다. 후금은 이제 막 새롭게 만들어진 신생 국가에 불과했고, 명은 전 세계에서 가장 부유하면서도 조선과 오랫동안 우호적 관계를 형성해온 국가였기 때문이다. 따라서 신료들의 입장에서 후금의 눈치를 보다가 명과의 관계가 틀어지는 것은 납득할 수 없는 일이었다.

문제는 여기서 그치지 않는다. 신료들은 조선이 파병을 거부하여 명과 관계가 틀어질 시, 후금의 목표가 명에서 조선으로 바뀔 수 있음을 지적했다. 후금이 조선을 건드리지 않는 근본적 이유가 명이 조선을 도와 후금의 후방을 공격할 것을 우려해서라는 주장이다. 임진왜란 당시 명이 조선을 구원했던 사실을 떠올려보라. 후금이 명이라는 거대한 적을 등 뒤에 두고 조선을 공격한다는 것은 위험부담이 크다. 그런데 조선이 명의 요청에 응하지 않는다면, 반대로 조선이 위험에 빠졌을 때 명 역시 조선을 구원하지 않을 수 있다는 우려가 생기게 된다.

신료들의 주장은 결코 명분에 매몰되어 있지 않았다. 그들 역시 조선이 입을 수 있는 피해를 최소화할 수 있는 방법을 고민했고, 그 결과 조선이 명과 한 배를 타는 편이 가장 안전하다고 판단한 것이다. 광해군 역시 신료들의 이러한 입장을 충분히 이해하고 있었다. 다만 광해군은 최대한 명의 심기를 거스르지 않는 선에서 어떻게든 출병을 회피하고자 했다. 하지만 당시 군사 작전을 관할하던 명의 요동경략 양호楊鎬는 이미 정유재란 당시 조선을 구원하기 위해 파견된 적이 있던 이로서, 조선의 내부 사정에 정통했고 광해군의 의도도 명확히 이해하고 있었다. 또한 출병을 회피하려는 조선의 시도를 좌절시키는 방법도 확실히 알고 있었다. 결국 양호는 광해군의 의도를 무력화하고 조선의 출병을 이끌어냈다.

그렇다고 광해군의 모든 노력이 좌절된 것은 아니었다. 명은 조선, 여허와의 공동 군사 작전을 기획하면서 동·서·남·북의 네 갈래로 후금을 압박할 계획이었다. 이 중 명군은 서로군과 남로군을, 여허는 북로군을, 조선은 동로군을 담당할 예정이었다. 하지만 광해군은 조선이 독자적으로 일로를 담당할 수 없다는 '난독당일면難獨當一面'의 문제를 제기했다. 광해군의 문제 제기가 수용되어 동로군은 명의 총병 유정劉綎이 이끄는 명군과 강홍립이 이끄는 조선군으로 구성된다. 그 결과 조선군은 명군에 예속된 상태로 군사 작전에 임하게 되었고, 이는 조선이 이 전쟁에 적극적으로 임할 의사가 없었음을 후금에 어필할 수 있는 요소가 되었다. 그렇게 광해군과 신료들은 조선의 안녕을 위한 최선의 길을 찾기 위해 노력했고, 소기의 성과를 거둘 수 있었다.

외면받는 광해군의 외교

명과 여허, 조선으로 이루어진 연합군은 기세등등하게 진격했지만 후금군을 격파하기에는 역부족이었다. 연합군과 후금군의 전투는 통칭 '사르후 전투'라 부른다. 명군과 조선군이 연합한 동로군의 전투만 놓고 볼 때는 '심하 전투', '심하 전역', '부차 전투' 등으로 부르기도 한다. 각각의 명칭은 전투가 벌어진 장소의 이름을 딴 것인데, 여기서는 '사르후 전투'로 통일하겠다.

앞서 설명한 바와 같이 연합군은 동·서·남·북의 사로군으로 편성되었다. 이들은 1619년 2월 후금의 수도 허투알라를 향해 각기 진군하여 3월 1일 허투알라 인근에서 집결하기로 약속했다. 하지만 허투알라까지의 거리는 서로 달랐고, 후금군 역시 가만히 앉아서 연합군을 기다리고 있지 않았다. 후금군은 3월 1일 사르후에 가장 먼저 도착한 서로군을 시작으로, 이튿날 북로군까지 궤멸시키는 데 성공한다. 한편 조선군이 배치된 동로군은 목적지였던 허투알라와 가장 거리가 멀었기 때문에 도착이 조금 늦어졌다. 연합군의 서로군과 북로군이 패배하면서 작전은 중단되었지만 불행히도 이 소식은 가장 멀리 떨어져 있던 동로군까지 전달되지 못했다. 그렇게 다른 부대의 소식도 모른 채 진군하던 동로군은 3월 2일 심하에서 소소한 전공을 올린다. 3월 3일 하루를 쉰 뒤 다음 날 행군을 재개했지만 부차의 들판에서 후금군과 조우하여 전투를 벌이다 패배한다. 그 결과 동로군에 속해 있던 조선군 총책임자였던 도원수 강홍립은 후금 진영에 항복하고 만다.

사르후 전투 결과 후금은 요동 지역에서 확실한 우위를 확보하게 된다. 후금은 곧이어 여허마저 병합하며 여진 세계를 완전

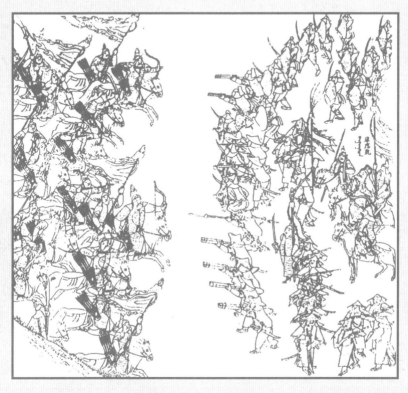

[그림 4] 사르후 전투
1616년 누르하치가 '아이신구룬', 즉 현재 '후금'이라 부르는 국가를 건립하고
명에 위협을 가한다. 이에 명은 여허, 조선과 연합군을 구성하여
기세등등하게 진격했지만 후금군의 역습에 휘말려 참패하고 만다.
연합군과 후금군의 이 전투를 통칭 '사르후 전투'라 한다.

히 장악하는 데 성공한다. 또한 명이 차지하고 있던 무순과 심양, 요양 등의 요충지를 점령하여 요동 전역을 손아귀에 넣는 데 성공한다. 이에 따라 조선과 명은 교통할 수 있는 육로를 상실한다. 그렇게 사르후 전투는 동아시아 패권 경쟁에서 하나의 분기점이 된다.

사르후 전투는 조선에도 영향을 미친다. 가장 문제가 된 대목은 강홍립의 투항 이유였다. 강홍립의 투항이 사전에 기획된, 그것도 광해군의 지시로 이루어졌다는 풍문이 돌기 시작한 것이다.

당초에 강홍립 등이 압록강을 건넌 것은 명이 억지로 징병했기 때문이지, 조선이 후금을 원수로 대한 것은 아니었으니 실로 후금을 상대로 싸울 뜻이 없었다. 그래서 비밀리에 강홍립에게 명을 내려 누르하치와 몰래 연락하게 했다. 이 때문에 심하의 싸움에서 후금군 진영에서 먼저 통역관을 부르자 강홍립이 때맞춰 투항한 것이다(《광해군일기》 권139, 11년 4월 8일 신유).

이 사료는 광해군이 강홍립에게 밀지를 내려 누르하치와 몰래 연락을 취하도록 했으며, 강홍립의 투항도 사전에 조율되었다고 말한다. 다시 말해 광해군은 명의 성화에 못 이겨 군사를 보냈지만 애초에 후금과 싸울 의사가 없었다는 것이다.

'밀지설'이라고 불리는 이 내용은 후대에 많은 논란이 되었다. 특히 광해군의 밀지가 실제로 존재했는가에 대해 의견이 일치하지 않았다. '밀지설'이 기재된 《광해군일기》가 광해군 대가 아닌 인조 대에 간행되었고, 일종의 쿠데타를 통해 집권한 인조 정권이 명분을 쌓기 위해 '밀지설'을 조작했을 가능성이 있다는 점 때문이다.

'밀지설'의 실재 여부를 두고 오래전부터 다양한 의견들이 제출되었다. 비교적 최근의 연구 성과 두 가지를 소개하면 다음과 같다. 하나는 밀지설을 부정하는 연구로, 당시 동로군에 소속된 조선군 1만 5,000명 중 9,000명이 사망한 상태에서 강홍립이 투항했다는 점을 근거로 든다. 만약 강홍립이 누르하치와 밀통을 했다면 굳이 조선군 태반이 사망하는 상황까지 내몰린 후에야 항복할 이유가 없다는 주장이다.

또 다른 연구는 밀지설을 긍정한다. 그 근거로는 강홍립이 전투 직전 통역관을 후금의 수도 허투알라로 보내 접선한 기록이 남아 있다는 점, 동로군의 전투 중에 조선군이 명군과 의도적으로 떨어지려는 모습을 연출했다는 점, 전투가 끝난 후 후금군이 명군만 선별적으로 학살했다는 점을 꼽았다.

밀지가 실제로 존재했는지 여부와 별개로 당대에 이러한 밀지설이 유통되었다는 사실도 중요하다. 적어도 당대에는 광해군이 후금과 내통하고 있다는 소문이 '사실'로서 받아들여졌다는 증좌이기 때문이다. 그런데 광해군의 외교가 정면으로 비판받기 시작한 것은 사르후 전투 때문이 아니었다. 앞서도 살펴본 것처럼 연합군을 구성하려는 명의 제안이 들어온 이후 광해군과 신료들은 대처 방안을 놓고 고심했다. 광해군과 신료들은 충돌하는 지점도 있었지만 기본적으로 조선군의 피해를 최소화해야 한다는 인식을 공유하고 있었다. 그렇기 때문에 강홍립의 투항도 이해 가능한 영역이었던 것이다.

오히려 문제가 불거진 것은 사르후 전투 이후였다. 후금은 종전 후 사절을 보내 조선과 공식적으로 관계를 수립하길 희망했는데, 전제 조건으로 조선의 중립을 요구했다. 여기서 말하는 조선의 중립은 향후 명을 도와서는 안 된다는 의미였다. 당연히 조선의 조야는 후금의 요구에 분노했다. 하지만 이미 사르후 전투를 통해 후금의 강력함을 경험한 광해군은 후금의 조건에 대해 모르쇠로 일관할 수는 없었다. 그렇다고 후금의 요구를 받아들여 명과의 관계를 단절하는 것도 불가능한 일이었다. 이 상황에서 광해군의 선택은 명과의 관계를 유지하면서 후금과 비밀리에 교섭하는 것이었다. 명과의 외교 단절 대신 후금의 경제적 요구를 맞춰주는 식으로 절충을 도모한 것이다.

이 같은 광해군의 '줄타기' 외교는 안팎에서 도전에 직면했다. 우선 명 측에서 조선을 의심하기 시작했다. 명 내부에서는 사르후 전투 패배 이후 여허가 정복된 데 이어 조선까지 후금에 넘어갈 것이라는 불안감이 팽배했다. 조선과 후금의 관계가 심상치 않자 우려의 목소리까지 등장했다. 명의 한림원검토翰林院檢討 서광계徐光啓는 조선을 감독해야 한다는 '감호론監護論'을 제기하기도 했다. 이 같은 명 내부의 분위기는 조선까지 전달되어 광해군은 변무사辨誣使[*]를 파견하기도 했다.

조선을 의심하는 명의 분위기를 감지하자 조선 내부에서도 광해군에게 외교 노선을 명확히 하라는 요구가 제기되기 시작했다. 후금과의 확실한 단절을 주장하는 목소리가 등장한 것이다. 하지만 광해군은 물론이고 외교를 담당하는 신료들 역시 무턱대고 후금과의 관계를 단절하는 것이 해답이라 생각하지 않았다. 후금보다 군사력이 열세인 상황에서 굳이 심기를 자극할 필요가 없다는 판단이었다.

명과 후금 사이에서의 아슬아슬한 '줄타기' 외교는 1620년까지 큰 문제 없이 유지될 수 있었다. 이 시기 '줄타기' 외교가 가능했던 이유는 명에 대한 사대와 후금과의 관계 유지가 충돌하지 않았기 때문이다. 반대로 양자가 충돌하는 상황이 발생한다면 광해군의 '줄타기' 외교는 위기에 빠질 수밖에 없었다. 1621년이 바로 그런 순간이었다.

1621년 7월, 명은 후금에 대해 반격을 가했다. 요동순무遼東巡撫 왕화정王化貞이 자신의 수하였던 모문룡毛文龍을 파견하여 진강鎭江 지역을 공격하게 한 것이다. 진강은 현재의 단둥시로 압록강

---

[*] 오해를 해명하기 위해 파견하는 사신.

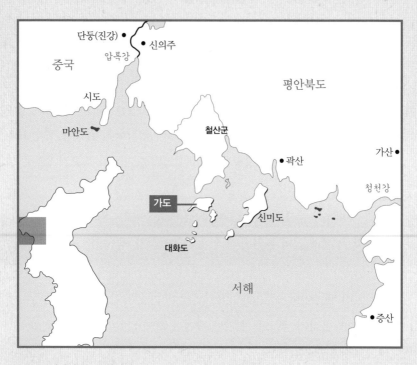

[그림 5] 진강과 가도, 가산
압록강 너머에 모문룡 부대가 차지했던 진강이 위치하고 있다.
모문룡은 진강을 상실한 이후 조선의 경내로 넘어와 가산 지역에 머물다가
광해군의 권유로 가도에 입도한다.

하류 바로 맞은편에 있었다. 모문룡의 습격 작전은 성공했고 이는 패전을 거듭하던 명에게 단비와 같은 소식이었다. 문제는 후금의 반격으로 진강을 빼앗긴 모문룡이 조선의 가산嘉山으로 들어오면서 발생했다.

일촉즉발의 상황에서 조선은 모문룡 부대에 대한 입장을 명확히 정하지 못했다. 정확히는 방관에 가까운 상황이 연출되었다. 모문룡 부대는 수용되지도, 배척받지도 않은 채 조선 경내에서 방황했다. 결국 그해 12월 후금군은 국경을 넘어 모문룡을 습격했다. 그들은 모문룡을 사로잡지는 못했지만 명나라 군사를 처참하게 유린한 후 철수했다. 조선은 후금의 침입에 대해 처음부터 끝까지 무대응으로 일관했다. 광해군의 결정이었다.

후금이 모문룡을 사로잡는 데 실패했기 때문에 사태는 종식되지 않았다. 결국 광해군은 모문룡을 가도椵島라는 섬으로 들어가도록 설득했다. 후금군이 조선 경내로 침입하는 사태를 막고자 함이었다. 사태는 일단락되었지만 광해군의 대응을 놓고 조선 내부에서 불만이 커져갔다. 광해군의 결정은 명에 대한 의리도 내팽개치고, 후금의 위협에 대한 자위마저 포기한 것으로 비쳐졌다. 조선 조정 내에서 광해군의 외교 전략을 옹호하는 사람은 더이상 찾아볼 수 없었다.

뒤바뀐 운명

1623년 3월 13일 서인 세력이 능양군을 앞세워 무력을 동반한 정변을 시도했다. 그 결과 광해군이 폐위되고 능양군이 새로운 국왕 인조로 즉위하게 되니, 이 사건을 인조반정이라 부른다. 광해군은 폐모살제廢母殺弟*라는 패륜과 더불어 무리한 궁궐공사로 인해 민심을 완전히 잃은 상황이었다. 더구나 광해군의 '줄타기' 외교는 1621년 이후 설득력을 완전히 상실해버렸다. 결국 광해군은 고립된 상태로 자신의 시대가 저무는 것을 바라봐야 했다.

이 사건으로 많은 사람의 운명이 뒤바뀌었다. 반정을 주도했던 서인 세력은 광해군 대에 득세했던 북인계를 몰아내고 정계의 핵심으로 자리 잡았다. 이후 몇 번의 짧은 위기를 맞긴 했지만 서인은 정계의 주류 자리를 굳건하게 유지했다.

운명이 뒤바뀐 사람 가운데에는 세자도 있었다. 광해군 재위 당시 세자의 자리는 당연히 광해군의 아들 이지李祬의 몫이었다. 하지만 광해군이 폐위된 이상 세자의 지위를 유지할 수 없었다. 이지는 폐세자가 되어 광해군과 함께 강화도에 유배되었다. 이후 땅굴을 파고 탈출을 시도하다가 사로잡혀 죽임을 당했다.

* 어머니 인목왕후를 유폐시키고 동생 영창대군을 살해함.

소현세자는 말이 없다 ──●

[그림 6] 《광해군일기》

광해군은 국왕이었음에도 불구하고 인조반정에 의해
폐위되었기 때문에 '세종', '정종'과 같은 묘호를 받지 못했다.
또 국왕의 치세를 기록한 실록이 제작되긴 했지만 실록 대신
일기를 제목으로 채택하여 차별점을 두었다.
* 소장처: 서울대학교 규장각한국학연구원

인조의 맏아들 이왕은 왕족이긴 했지만 세자와는 거리가 먼 인물이었다. 아버지는 물론, 할아버지도 왕이 아니었기 때문이다. 하지만 인조반정이라는 정치적 사건이 열두 살 어린 소년의 운명도 바꿔놓았다. 이왕이 인조반정 직후 바로 세자의 지위에 오른 것은 아니었다. 책봉 논의가 있긴 했지만 인조는 세자의 나이가 아직 어린 데다 반정으로 인해 국정이 혼란스러운 상황이니 미뤄두라고 지시했다. 그렇다고 이왕이 세자에 오르기까지 오랜 시간이 걸린 것도 아니었다. 인조반정 2년 후인 1625년 1월 27일, 이왕은 정식으로 세자에 책봉되었다. 바로 소현세자다.

흥미롭게도 소현세자의 본래 이름은 이왕이 아니었다. 그는 아버지 능양군이 국왕이 되기 전에 거주하던 자택에서 태어나 자랐는데, 당시 불리던 이름은 따로 있었다. 하지만 능양군이 국왕의 자리에 오르면서 아들을 세자로 추대하기 위한 준비도 진행되었다. 준비 과정에는 이름을 정하는 행위, 즉 작명도 포함되어 있었다. 이름을 다시 정하는 이유는 국왕의 이름이 피휘避諱의 대상이었기 때문이다. 피휘란 국왕의 이름을 입에 올리거나 글자로 사용해서는 안 된다는 뜻으로, 이름을 통해 국왕의 위상을 각인시키는 정치적 행위였다. 대신 일상적으로 자주 사용하는 글자를 선택하는 것은 기피되었다. 예를 들어 국왕의 이름에 바를 정正이 포함된다면 정의正義, 정직正直, 정확正確과 같은 단어는 사용할 수 없게 되기 때문이다.

대부분의 국왕은 세자의 지위를 거쳐 국왕이 되기 때문에 세자시절 이름을 정할 때 이미 이러한 점을 고려하게 된다. 소현세자 역시 훗날 국왕의 자리에 오르게 될 예정이었기 때문에 이름을 다시 정하는 절차가 진행되었다. 의정부 정승들과 2품 이상의 대신들이 모여 회의 후 세 글자를 후보로 올렸는데, 왕㳣·정㴇·후㴀였다. 세 글자 중 세자의 이름으로 최종 선택된 것은 '왕㳣'이었다.

그렇게 소현세자는 이왕이라는 이름을 새로 얻었지만 아이러니하게도 본래 이름을 잃고 말았다. 기록 어디에도 소현세자가 원래 사용했던 초명이 남아 있지 않다. 그렇게 소현세자는 이름까지 바뀐 채 완전히 뒤바뀐 운명을 맞이했다.

02

인질이 되다

꺾여버린 배금의 꿈

인조반정이 성공한 요인 중 하나는 광해군의 '줄타기' 외교가 공감대를 잃었기 때문이다. 당시 조선의 위정자들 대부분은 명과의 관계를 강화해 후금이라는 공동의 적에 대항해야 한다는 생각을 공유하고 있었다. 이는 명분으로 보나 실리로 보나 합리적인 판단에 가까웠다. 이런 상황에서 인조 정권이 친명배금을 슬로건으로 내세운 것은 당연한 일이었다.

인조 정권이 친명배금을 내세울 수밖에 없는 현실적인 이유도 있었다. 인조반정은 비록 성공하긴 했지만 엄연히 쿠데타였다. 더구나 인조반정으로 폐위된 광해군은 관례적이라곤 해도 명나라 황제에 의해 책봉된 국왕이었다. 인조 정권이 반정을 온전히 완수하려면 광해군의 폐위와 인조의 집권에 대한 명 황제의 동의가 필요했다. 결국 인조 정권이 내세울 명분은 '친명배금'이 될 수밖에 없었다. 쿠데타를 인정받기 위해 광해군과 달리 대후금 전선에 적극적으로 동참하겠다고 약속한 것이다.

이 과정에서 모문룡의 도움을 받은 것도 운신의 폭을 제한하는 요인이 되었다. 가도로 들어간 모문룡은 명과 조선을 연결하는 중개 역할을 담당하기 시작했다. 명과 교통할 수 있는 육로가 단절되면서 자연스레 서해 지역 도서島嶼를 장악한 모문룡의 역할이 중요해진 것이다. 인조 정권이 명 황제의 인정을 받기 위해서는 중간다리 역할을 하는 모문룡의 도움이 절실했다. 실제로 인조 정권이 책봉을 요청하는 사신을 파견했을 때 명 내부의 분위기는 심상치 않았다. 명에서는 인조반정을 '찬탈'로 규정하고 진상 조사에 나서기로 했다. 자칫하면 애써 성공한 반정이 물거품으로 돌아갈 수도 있는 상황이었다. 그때 힘이 되어준 인물이 바로 모문룡이었다. 모문룡은 광해군의 배은망덕을 지적하며 인조야말로 명나라에 충심을 가진 인물이라고 증언해주었다. 모문룡의 증언 뒤에 인조 정권의 적극적인 로비가 있었음은 두말할 나위가 없다. 인조 정권은 모문룡에 대한 지원 및 대후금 군사 작전 참여를 약속하여 그의 협조를 얻어냈던 것이다. 모문룡 덕분이었는지 인조는 무사히 명 황제의 책봉을 받았다. 하지만 외교적으로 유연성을 발휘할 여지를 상실했다.

이처럼 인조 정권은 태생부터 '친명배금'의 기조를 천명할 수밖에 없는 운명이었다. 실제로 인조는 반정 직후 직접 후금 정벌에 나서겠다는, 이른바 '친정親征'에 대한 의지를 수차례 보여주었다.

> 인조가 말했다. "내가 친정을 하고자 한다."
> 장만이 말했다. "성상의 분부가 한 번 내려지면 병사들의 사기가 백 배 올라갈 것입니다. 하지만 임금의 신분으로 어찌 몸소 전장에 나서려 하십니까? 마땅히 병마를 정돈하고 군량을 비축한 다음 한 시대를 이끌어 갈 인재를 모두 뽑아서 일을 맡긴다면 적(=후금)은 평정할 필요도 없을 것입니다"(《인조실록》권1, 1년 4월 22일 신사).

인용문에서 알 수 있듯 인조반정으로부터 한 달이 지난 시점에 인조는 도원수都元帥 장만張晩을 불러 친정에 대한 의욕을 내비쳤다. 인조가 적극적으로 의견을 개진하자 만류하는 측은 장만이었다. 장만은 임금이 전장에 나섰다가 봉변이라도 당하면 큰일이기도 하거니와 지금은 내치에 힘써야 할 때라고 강조했다.

몇 달 뒤 조정에서는 실제로 친정을 실시할지 여부에 대한 논의가 진지하게 이루어지기도 했다. 친정을 찬성하는 측은 병사들의 사기 진작을 내세웠고, 반대하는 쪽은 병사를 전진 배치할 경우 도성이 위험해질 수 있으며 인심도 불안을 느낄 것이라고 주장했다.

병조판서 김류가 말했다. "천하의 형세는 처음과 끝을 헤아려본 뒤에야 행할 수 있습니다. 만일 친정한다는 명분으로 군사를 격려시키는 일이라면 가능할 수도 있겠지만, 실제로 병사를 전진시켜 주둔시킨다면 종묘사직을 지킬 방법이 없습니다. 오늘날의 형세를 보건대 도성이 무사하리라는 것도 보장할 수 없습니다. 혹여나 진주했다가 도성에 비상사태가 발생하면 어떻게 할 것입니까?"(《인조실록》 권3, 1년 11월 12일 무진)

병조판서 김류金瑬는 병사를 전진 배치할 경우 도성을 지킬 수 없는 상황이 초래될 것이라 경고했다. 이는 비단 김류 개인의 의견만은 아니었다. 당시 회의에 참석한 좌의정 윤방尹昉, 우의정 신흠申欽, 우찬성 이귀李貴 등도 비슷한 의견을 개진했다.

현실적으로도 친정은 무리수였다. 군사 정변을 통해 집권한 지불과 몇 달도 안 된 시점이었기 때문에 민심도 어수선할 뿐만 아니라 아직 국제적으로도 인조의 집권이 공인된 상황이 아니었다. 또한 사르후 전투에서 일정부분 확인되었지만 조선만의 독자적 힘으로 후금과 전쟁을 치러 승리할 가능성은 거의 없는 상황이었다.

하지만 친정의 위험에도 불구하고 인조는 강행 의지를 내비쳤다. 인조는 어째서 위험천만한 친정을 고집한 것일까? 혹시 현실감각이 결여되었던 것일까? 그렇지는 않을 것이다. 기본적으로당시 논의되던 친정은 유사시, 즉 후금이 먼저 조선을 침범했을시 대응 방법을 정하는 과정에서 나온 것이었다. 또한 공격에 나

소현세자는 말이 없다 ──●

서더라도 명과의 공동 작전이 전제로 깔려 있었다. 나아가 인조의 진정한 의도는 친정도 불사하겠다는 의지를 명에 보여주어 책봉에 유리한 포석을 깔아두겠다는 것이었다. 인조의 책봉이 이루어진 이후 후금에 대한 선제 타격 논의가 전혀 이루어지지 않았다는 점은 이러한 사실을 반증한다.

그렇다 하더라도 인조 정권의 '친명배금' 기조는 분명했다. 앞서의 회의에서도 인조는 친정을 대응의 기본 방침으로 결정했다. 친정의 구체적인 방안도 마련되었다. 행재소*의 군영을 총괄하는 어영사御營使를 설치하고, 공백이 발생할 수 있는 도성 방어를 위한 방책을 마련한 것이다. 또한 명과의 공동 작전을 위한 병사의 징발도 이루어졌다. 1623년에 한정한다면, 인조 정권은 후금과의 일전도 각오하고 있었다.

이러한 분위기에 찬물을 끼얹은 것은 '이괄李适의 난'이었다. 이괄은 인조반정 당시 반정군에 동참한 무신으로, 반정 이후 후금의 침략 가능성에 대비해 평안도 병마절도사에 임명되었다. 그런데 평안도로 부임하는 이괄의 마음은 편치 않았다. '친명배금' 기조로 후금과의 충돌 가능성이 커지면서 서북방 지역 부임이 사지로 내몰리는 것과 매한가지라는 여론이 형성되었기 때문이다. 반정 공신이었던 이괄의 입장에서 사지나 다름없는 평안도로 부

---

* 왕이 궁궐을 벗어나서 머무르는 장소.

[그림 7] 〈정사공신녹권定社功臣錄券〉
인조반정에서 공을 세워 정사원종공신으로 녹훈된 인물들에게
공신도감에서 왕명을 받아 발급했다. 앞머리에 제목 및
발급대상인의 신분과 성명을 기재했다.

社功臣嘉善大夫江華府尹師傳宜寧君李曙等列書無知義禁
府事五衛都揔府都揔管靑興君李重老等書

敎

王若曰忠身取義列爵深喙以後時紀績爵功國家之常典行賞
卷之慷慨衋眉孫摩競推射御之術統領虎頭尉之勇剛班讃
未遑計出義類覽虎豹而輕生萬倫忽之崩綜涂約當馬歲而
之䋊業值乖危目㦸見倫忽之崩綜涂約當馬歲而
决犯計出義類覽虎豹而輕生萬倫忽之崩綜涂約當馬歲而
痛三絪之亲絕義奮刺奸終一二臣同嘉爾詡戴義諮
訓常涌天之大道盂篤向日之丹帔孤軍直前方侯先
譁景宗之無二㦸痛叩行衆目未斷盟壇像形丹
靑畫擒肯於鱗開精忠偉卽此古無多巍秩鴻恩延

社功臣二等圖形垂後超一階濶其父母妻子亦超一階熽
長世𥡴不失其祿宥及永世第宅一區奴婢九口奴四名田八十結銀三十四表裏
賜伴倘六人奴婢九口奴四名田八十結銀三十四表裏
一段內鹿馬一匹至可領也苏戲光奴未藏邊聲方斁穴
吾長域宷增柎卿之歟象爾義童鷹思撲賊之言故
諸發示想宜知悉

一等
金瑬
中景禛
寶鳴吉
沈命世
二等

李貴
李曙
具宏

[그림 8] 공산성 쌍수정 사적비
이괄의 난 당시 인조는 공주 지역의 공산성으로 피신했다.
당시 인조의 행적을 기록한 비석이 현재도 공산성에 남아 있다.
* 출처: 한국민족문화대백과사전

임하게 되었으니 마음이 편할 리가 없었다.

　공신 녹훈은 불난 집에 부채질을 했다. 1623년 윤10월 인조반정에 대한 논공행상이 이루어졌는데, 총 53명을 공로에 따라 3등으로 나누었다. 이괄은 2등 공신 가운데 맨 처음에 위치했는데, 이 결과는 이괄에게 다소 억울했다. 거사 당일 반정군 대장 김류가 시간이 되어도 집결지에 나타나지 않아 반정군이 동요하는 상황에서 이괄이 임시 대장으로 반정군을 통제하고 반정을 성공으로 이끌었기 때문이다. 이미 평안도 병마절도사에 임명되어 홀대받는 느낌을 받고 있던 와중에 2등 공신으로 선정되자 이괄의 마음은 차갑게 식어버렸다.

　결국 이괄은 1624년 1월 22일 한명련韓明璉 등과 함께 평안북도 영변에서 거병했다. 이괄의 반군은 빠른 속도로 남하해 2월 9일 한양 입성에 성공한다. 반군이 한양에 도착하기 하루 전인 2월 8일 조정은 충청남도 공주로의 파천播遷을 결정한 후 이동했다. 하지만 반군은 도원수 장만이 이끄는 토벌군에 패한 후 내분에 휩싸였다. 결국 2월 15일 이괄과 한명련 등이 부하 장수들에 의해 살해되면서 반란은 막을 내린다.

　한편 파천을 결정하기 하루 전날인 2월 7일, 재상들이 인조에게 세자를 세우고 분조分朝*를 설치할 것을 건의한 일도 있었다.

---

* 국가에 위기가 발생할 시 조정을 둘로 나눈 후 세자에게 맡기는 임시정부.

하지만 인조는 세자가 어리다는 이유로 거부했다. 당시 소현세자는 13세에 불과했으며 아직 정식으로 세자의 지위에 오르기도 전이었다. 또한 반란이 20여 일 만에 평정되면서 소현세자가 '등판'할 기회는 찾아오지 않았다.

이괄의 난은 빠르게 진압되었지만 반란이 남긴 영향은 결코 적지 않았다. 우선 조선의 군사력이 크게 약화되었다. 반군과 진압군 모두 조선의 관군이었으니 양자의 충돌은 승패와 상관없이 조선의 국방력 약화로 직결될 수밖에 없었다. 또한 짧은 시간이긴 했지만 도성이 반군의 수중에 들어가면서 한양의 물자가 심각한 수준으로 고갈되었다.

민심의 분열도 간과할 수 없는 문제였다. 불과 1년도 안 되는 기간에 '광해군→인조→흥안군興安君[*]→인조' 순으로 집권자가 바뀌었다. 그때마다 피의 보복이 이어졌고, 백성들은 자신도 모르는 사이에 부역자로 내몰리기 일쑤였다. 승자가 누가 되었든 백성들의 삶은 가파른 속도로 피폐해졌다.

이괄의 난은 조선의 대후금 관계에도 영향을 미쳤다. 인조 정권은 이괄의 난으로 인해 도성인 한양까지 함락되었다. 군사적 취약함이 드러나버린 이상 대후금 전략도 수정이 필요했다. 더구나 반군 지도부 중 한 명이었던 한명련의 아들 한윤韓潤이 후금으

---

[*] 이괄이 왕으로 추대한 인물로 선조의 10번째 아들.

로 망명해 조선에 대한 정보를 넘기고 침략을 종용했다. 이로 인해 가뜩이나 군사력이 약화된 상황에서 후금의 침공 가능성까지 높아졌다. 친정과 관련한 논의는 완전히 자취를 감추었고, 수성을 위한 논의가 그 자리를 대신했다. 그 결과 도성에 대한 방어책을 강화하고, 위급 상황에서 피난처로 삼을 강화도와 남한산성에 대한 정비를 시작했다. '친명배금'을 외치던 인조 정권의 자신만만한 행보에 제동이 걸려버렸다.

마찰의 시작

조선의 우려와 달리 후금이 곧바로 침공하는 일은 벌어지지 않았다. 조선의 사정이 혼란하다고 전쟁을 일으키기에는 명분도 없고, 변수도 많았다. 더구나 후금의 한汗[*]이었던 누르하치는 명과의 싸움에 집중하기 위해 조선과의 관계는 외교적인 방식으로 해결하려는 전략을 구사했다. 따라서 양국 관계는 극단적인 상황으로 치닫지 않았다.

상황은 1626년 2월 급변했다. 명과 후금 사이에 벌어진 영원성 전투에서 누르하치가 패배한 것이다. 당시 영원성을 지키던 명의

* 후금 지배자의 호칭.

[그림 9] 영원성 전투
1626년 1월 23일, 누르하치는 팔기군을 이끌고 영원성으로 들이닥쳤다.
그러나 당시 영원성을 지키던 명의 원숭환에게 패배한다.
1626년 8월, 누르하치가 세상을 떠나자 그가 영원성 전투 패배에 대한 분을 못 이겨
피를 토한 후 죽음에 이르렀다는 '구혈대嘔血臺' 고사가 떠돌기도 했다.
* 출처:《만주실록》권8

[그림 10] 영원성의 홍이포

홍이포라는 명칭은 명나라에서 네덜란드나 포르투갈인을 붉은 털의
오랑캐라는 뜻의 '홍모이紅毛夷'로 지칭한 것에서 유래한다.
명나라는 사르후 전투 패배 이후 서양식 화포 홍이포를 확보하게 된다.
원숭환이 홍이포를 활용하여 누르하치를 격퇴하면서
명나라는 요서 지역을 수호할 수 있었다.

원숭환袁崇煥은 포르투갈에서 들여온 홍이포紅夷砲를 활용해 누르하치의 침공을 격퇴했다. 이 전투는 후금에게 충격을, 그리고 누르하치에게 좌절을 선사했다. 결국 누르하치는 영원성 전투가 일어난 그해 8월 세상을 떠났다.

누르하치의 뒤를 이어 한의 지위에 오른 이는 홍타이지皇太極였다. 홍타이지는 누르하치의 8번째 아들이었지만 여진 사회에는 적장자 계승의 원칙이 존재하지 않았기 때문에 누르하치의 지위를 계승할 수 있었다. 그렇다고 홍타이지의 계승이 순탄했던 것만은 아니다. 누르하치는 생전에 후계자를 지목하지 않았고, 경쟁은 치열했다. 게다가 홍타이지는 서열상으로도 네 번째에 불과했다. 결과적으로 그는 경쟁에서 승리했지만, 일정한 양보를 감내해야만 했다. 자신보다 높은 서열에 위치한 세 명의 버일러[貝勒]* 와 함께 남면南面해야 했던 것이다.

남면은 남쪽을 향해 바라본다는 뜻으로, 제왕이 군신들의 조회를 받을 때 홀로 남쪽을 향해 앉아 있는 것에서 유래한 말이다. 남면은 그 자체로 제왕의 권위를 드러내는 행위이다. 하나의 세계를 관할하는 주인만이 누릴 수 있는 권리이기 때문이다. 그럼 4명이 함께 남면을 한다는 것은 어떤 의미일까? 한 가지 기억을 떠올려보자. 학창시절 수업 시간이 되면 우리는 한 명의 선생님에게

---

* 한의 아들 내지 조카이자 팔기의 주인들.

수업을 듣는다. 교단에서 학생들을 향해 설 수 있는 사람은 오로지 단 한 사람, 바로 선생님뿐이다. 비슷한 수준의 지식을 가진 선생님 두 분이 함께 수업을 한다고 가정해보자. 선생님 간의 호흡이 좋다면 더 많은 지식을 효과적으로 전달할 수도 있을 것이다. 하지만 서로 경쟁의식에 사로잡혀 상대방의 교육 방식을 문제 삼고 실수를 지적하기 시작한다면 어떻겠는가? 학생들은 우왕좌왕하면서 자신을 가르치고 있는 선생님들의 자격에 대해 의심하기 시작할 것이다.

홍타이지의 상황이 바로 이러했다. 그는 한의 지위에 올라 남면했지만 그의 곁에는 그보다 서열이 높았던 이복형제 및 사촌형이 함께 자리했다. 그들은 후금이라는 집단의 이익을 위해 공동 노력하는 한편, 호시탐탐 서로의 실책을 견제하는 감시자의 역할을 수행했다. 홍타이지가 온전한 권력을 행사하기 위해서는 상황을 반전시킬 수 있는 계기가 필요했다.

그 상황에서 홍타이지가 찾은 돌파구가 바로 조선이었다. 홍타이지는 처음부터 조선에 대한 강경파 중 한 명이었다. 사르후 전투 이후에도 조선이 후금의 화친 요구에 응하지 않자 후금 내부에서는 조선을 선제공격해야 한다는 주장이 제기되었는데, 그 제안자 중 한 사람이 바로 홍타이지였다. 당시 홍타이지의 제안은 누르하치에 의해 거부되었지만, 이제 홍타이지의 의지를 정면에서 막을 수 있는 사람은 존재하지 않았다. 그 결과 1627년 1월 정묘호란이 발생했다.

그런데 흥미롭게도 정묘호란은 애초에 후금이 조선을 정복하기 위해 일으킨 전쟁이 아니었다. 홍타이지가 조선 침공을 결심하게 된 이유는 바로 모문룡이었다. 모문룡은 광해군의 권유로 가도에 들어간 이후 동강진東江鎭을 설치하고 후금의 후방을 괴롭혔다. 가도가 조선의 영토였기 때문에 모문룡을 잡기 위해서는 조선 경내를 경유해야 하는데, 이를 강행할 경우 조선과의 분쟁을 감수해야 했다. 당시 후금 내부의 기록을 보면 다음과 같다.

아민 버일러·지르갈랑 타이지[台吉][*]·아지거 타이지·두두 타이지·요토 타이지·쇼토 타이지에게 대군을 맡겨 조선국에서 한인漢人 모문룡을 찾도록 군사를 보냈다(《만문노당》 태종 1, 천총 원년(1627) 1월 8일).

기록을 보면 알 수 있듯 후금군의 출병 목적은 일차적으로 모문룡을 사로잡기 위함이었다. 사실 이러한 상황은 앞서 살펴본 것처럼 광해군 대에도 발생했었다. 다만 광해군 대와 다른 점은 조선군이 후금군의 작전을 좌시하지 않을 것이며 모문룡이 가도라는 섬을 기반으로 활동하고 있다는 것이었다. 결국 후금군이 모문룡을 목표로 출병했다 하더라도 조선과의 마찰은 피할 수 없

* 후금 작위 명칭.

는 상황이었다. 후대의 기록이긴 하지만 상황이 허락한다면 조선도 함께 취하라는 홍타이지의 명령도 확인된다. 후금군의 일차 목표가 모문룡이었다는 점은 변함없는 사실이긴 하지만 말이다.

그렇다면 정묘호란은 왜 조선과 후금 간의 전쟁으로 확대되었을까? 그 이유는 후금의 모문룡 포획 작전이 실패로 돌아갔기 때문이었다. 후금군은 1627년 1월 13일 압록강을 건너 의주를 함락하고 이튿날 곧바로 군사를 나누어 모문룡 포획을 시도했다. 하지만 낌새를 눈치 챈 모문룡 부대는 더 깊은 섬으로 도피해버렸다. 해전에 익숙하지 않았던 후금군에게 남은 선택은 실패를 인정하고 군사 작전을 중단할 것인지 아니면 공격 대상을 조선으로 전환할 것인지였다. 홍타이지는 이 문제의 결정권을 현장 사령관의 판단에 일임했고, 총사령관 아민은 1월 21일 평안남도 안주를 공격함으로써 조선으로 공격 대상을 수정했다.

이에 앞서 인조는 1월 19일 강화도로 파천을 결정했다. 후금군의 진격 속도가 빠르지 않아서 인조는 파천을 서두르지 않았고, 그래서인지 인조가 실제로 강화도에 도착한 것은 열흘 뒤인 1월 29일이었다. 후금군의 진격이 더뎠던 까닭은 애초에 조선을 목표로 삼은 전쟁이 아니었기 때문이었다. 후금군은 전쟁 발발 초기부터 조선 측에 서신을 보내 화친을 요구했다. 일정한 합의만 이뤄낼 수 있다면 전쟁을 조기에 종료할 생각이었다.

조선 역시 후금과 화친을 맺을 의사가 있었다. 하지만 강화 협상은 쉽사리 진전되지 않았다. 후금에서 다시 명과의 관계 단절을 조건으로 내걸었기 때문이다. 조선에서는 후금과 형제관계를 맺는 것은 가능하지만 명과의 사대관계는 끊을 수 없다고 선을 그었다. 그러자 후금군은 자신들의 목적을 달성하기 위해 남하를 멈추지 않았다. 조금이라도 조선 조정을 더 압박해서 소기의 성과를 쟁취하겠다는 심산이었다. 그럼에도 조선의 입장은 단호했다. 명과의 관계를 단절하느니 결사 항전하겠다는 태도를 고수한 것이다.

강화 협상이 타결된 것은 2월 15일이었다. 후금군이 임진강 방어선을 뚫지 못하면서 후금군 지도부 역시 부담을 느끼기 시작한 것이다. 결국 양국은 일정한 양보를 통해 합의점을 도출했다. 후금은 조선과 명의 관계를 인정했고, 조선은 후금에 인질과 세폐를 제공하기로 약속했다. 3월 3일, 조선과 후금은 정식으로 맹약을 체결했고, 9월 후금군이 조선 영내에서 완전히 철병함으로써 정묘호란이 종결되었다.

위기 속에 치러진 데뷔전

정묘호란 당시 소현세자는 무슨 일을 했을까? 앞서 살펴본 것처럼 이괄의 난 당시 조정에서 분조의 건의가 있었으나 인조는 소현세자가 어리다는 이유로 거부했다. 분조 논의는 정묘호란 과정에서도 재현되었다. 1월 18일 이귀와 윤방이 분조 설립의 당위성을 강조한 것이다. 인조의 대답은 이번에도 같았다. 세자의 나이가 어리니 불가하다는 것이었다. 하지만 인조의 대답과 달리 소현세자는 더 이상 어리지 않았다.

1612년생이었던 소현세자는 열네 살이던 1625년 정식으로 세자에 책봉되었고 성인으로 인정받는 관례冠禮도 치른 상황이었다. 물론 열네 살은 현재로 치면 중학생에 불과한 나이니 어리다고 생각할 수 있다. 하지만 과거에는 일찍부터 사회 구성원의 일원으로 자리 잡을 수 있는 교육을 행했기 때문에 15세 이상이 되면 관례를 행할 자격이 있다고 생각했다. 세자의 경우에는 미래에 국가를 다스릴 인재였기 때문에 교육 강도가 더 높았다. 따라서 15세 이전이라 하더라도 여건이 허락되면 관례를 행하는 경우가 자주 있었다. 예를 들어 세조의 아들이었던 해양대군은 여덟 살에 관례를 행했다.

이런 점을 감안하면 소현세자가 열네 살에 관례를 치른 것은 이르다고 할 수도 없다. 더구나 정묘호란이 일어난 1627년 소현세자의 나이는 열여섯 살이었기 때문에 어른으로 보기에 부족함이 없었다. 이런 이유로 다음 날 양사兩司*의 관원들과 신흠, 이원익李元翼 등이 재차 분조를 요청했지만 인조는 고집을 꺾지 않았다.

21일 안주로 향하는 길목에 위치한 능한산성이 함락됐다는 소

---

* 사헌부와 사간원.

식이 조정에 전해지면서 상황은 급박해졌다. 후금군이 안주로 향했다는 것은 목표가 모문룡에서 조선으로 전환되었음을 의미하기 때문이다. 이미 강화도 천도를 결정했지만, 섬의 지리적 특성상 자칫 잘못하면 내륙 지역과 교통이 끊길 수 있다는 우려가 생겼다. 이원익은 이를 빌미로 다시 한번 분조를 주장했고, 신흠과 윤방 등도 동조했다. 인조는 다시 세자의 나이를 이유로 들며 대신을 파견하여 민심을 단속하겠다는 뜻을 내비쳤지만 계속된 간청으로 인해 결국 세자의 분조를 허락했다.

1월 24일 소현세자가 이끄는 분조가 한양을 떠나 2월 6일 최종 목적지인 전주에 도착했다. 조선 왕조의 발상지였던 전주를 수호하는 동시에 곡창지대였던 전라도 일대의 미곡을 대조大朝*에 공급하기 위한 목적이었다. 전주에서의 분조 활동은 36일간 지속되었다. 다행히 전쟁이 비교적 빨리 종결되면서 소현세자는 3월 13일 전주를 떠날 수 있었다. 소현세자의 분조는 대조가 위치한 강화도에 도착한 3월 23일에 해체되었다.

전쟁의 포화가 남쪽까지 미치지 않아 분조가 실질적으로 큰 역할을 할 수 있는 상황은 아니었다. 더구나 인조가 소현세자의 연소함을 염려하여 무려 서른 명 내외의 신료를 붙여준 터라 세자 개인의 역량이 필요한 환경도 아니었다. 오히려 너무 많은 신하

---

* 임금이 이끄는 조정.

가 세자를 호위하면서 곤경에 처한 경우도 있었다. 예를 들어, 당시 분조에서는 후금군의 남하가 계속된다면 분조의 위치를 어디로 옮길 것인지를 놓고 회의를 벌였다. 하지만 신하들은 바다를 통해 방어와 이동이 용이한 통영으로 가야 한다, 최대한 이동 거리를 줄이고 민심을 수습해야 하니 나주로 가야 한다, 육로를 통해 경상도와 전라도를 자유롭게 왕래할 수 있는 순천으로 가야 한다, 전주를 고수해야 한다는 둥 제각기 자신의 의견을 내세우기 바빴다. 좌중이 우왕좌왕할 때에는 책임자인 소현세자가 용단을 내려야 하지만, 그러기에는 세자의 경륜이 부족한 상황이었다. 결국 "전주에 그대로 머무르며 이동하지 말라"는 인조의 유지가 전달되고 나서야 문제가 해결되었다.

소현세자가 존재감을 과시하는 장면도 있었다. 전주에 도착한 이후 무군사撫軍司*에서 "국가가 위기에 처한 시기이므로 인심을 고무시키고 군사를 충원해야 한다"며 인조에게 보고하고 과거를 실시할 것을 건의했다. 그러자 소현세자는 자신의 직권으로 과거 시험 개최를 결정하고 곧장 문무과를 실시했다.

과거시험은 예상대로 성황을 이루었다. 많은 사람이 자신들의 가치를 올릴 수 있는 좋은 기회로 여겨 전주로 모여들었다. 특히 합격의 문턱이 낮았던 무과시험에는 수백 명이 모여들었다. 하지

* 분조의 임시 군영.

만 과거가 너무 급박하게 실시되어 멀리 거주하는 백성들은 시일을 맞추기 어려운 상황이었다. 다행인지, 불행인지 궂은 날씨가 계속되어 무과 실기 시험이 하루 이틀 연기되기 시작했다. 그사이 더 많은 응시생이 전주에 도착했고, 어느덧 응시생의 숫자는 분조의 통제 범위를 벗어나버렸다. 그러자 곳곳에서 문제가 발생하기 시작했다. 오늘 시험에 떨어진 응시생 아무개가 다음 날 이름을 아무개로 바꾸어 다시 응시한다거나, 다른 사람이 대신 실기 시험을 치르는 등의 부정행위가 발생한 것이다.

상황이 예상을 벗어나자 분조 내에서 응시생을 제한해야 한다는 목소리가 흘러나왔다. 하지만 세자의 입장은 단호했다. 멀리서 찾아온 응시생들을 헛되이 돌아가게 할 수 없으니 최대한 편의를 봐주라는 것이었다. 결국 세자가 개최한 무과는 601명의 합격자를 배출한 채 막을 내렸다.

과거와 관련한 일화는 소현세자의 아량을 보여주는 동시에 정치적 미숙함도 노출시켰다. 특히 "인조에게 먼저 보고한 후에 과거를 실시해야 한다"는 무군사의 건의에도 불구하고 직권을 남용한 사실은 주목할 대목이다. 과거는 국왕을 위해 복무할 인재를 등용하기 위한 시험이다. 그런데 국왕을 거치지 않고 소현세자가 시험을 주관했다는 사실은 인조의 오해를 불러일으키기에 충분하다. 소현세자가 주관하는 시험에서 합격한 인원들은 인조보다 소현세자에게 고마움을 느낄 것이고, 이는 자신만의 세력을 키우고자 하는 모습으로 비칠 수 있기 때문이다. 실제로 인조는 3월 6

일 "분조의 일을 강권하여 억지로 따르긴 했는데 유익함은 없고 백성들에게 폐만 끼치고 있으니 지금 당장 소환해야 할 것"이라고 토로했는데, 이는 소현세자의 정치적 미숙함에 대한 우회적 비판으로도 읽힐 수 있는 대목이다.

소현세자의 분조 활동과 관련해서 또 하나 흥미를 끄는 것이 있다. 바로 '공부'이다. 전시 상황에서 생뚱맞게 공부 이야기가 나오니 의아하겠지만, 당시 사람들은 그렇게 생각하지 않았다. 전쟁은 언젠가 끝이 날 것이고, 소현세자는 미래에 국왕이 될 인물이다. 그렇기 때문에 전쟁이라는 극한 상황에서도 공부를 게을리할 수 없는 것이 세자의 운명이었다.

소현세자의 공부에 가장 민감하게 반응한 사람은 아버지 인조였다. 자녀의 더 나은 미래를 원하는 부모의 욕구는 시대를 초월하고, 그것은 대부분 교육열이라는 형태로 발현된다. 이는 조선의 국왕 인조도 예외는 아니었다.

인조가 시강원侍講院*에 전교했다. "옛날에 배 안에서 《대학大學》을 강론한 자가 있었다. 지금 세자가 비록 남쪽으로 떠나지만 서연書筵**은 멈출 수 없다. 공부량을 줄이더라도 틈틈이 강론하는 일을 착실히 행하도록 하라"《소현분조일기》권1,

* 왕세자의 교육을 담당하는 관청.
** 세자에게 유교 경전이나 역사서를 가르치는 교육.

천계 7년(1627) 1월 24일 임진).

1월 24일 세자가 분조를 이끌고 떠나기 직전 인조가 시강원 관료들에게 직접 지시하는 모습이다. 인조는 전시임을 감안하여 공부량을 줄일 수는 있지만 서연을 멈추는 것만큼은 허용할 수 없다고 강하게 말했다. 그러면서 고사를 하나 인용했는데, 남송南宋의 육수부陸秀夫라는 인물이 원元나라의 침입 당시 황제를 호위하며 배를 타고 피란을 가는 와중에도《대학》을 강론한 일이었다. 조선이 후금의 침략을 받은 상황이지만 학문을 닦는 일만큼은 게을리해서는 안 된다는 사실을 강조한 것이다. 인조가 이처럼 세자의 교육을 강조한 이유 중에는 태어날 때부터 왕세자 교육을 받지 못한 소현세자의 사정도 포함되어 있었을 것이다.

그렇다면 소현세자는 인조의 바람대로 서연을 부지런히 수행했을까? 일단 전주에 도착하기 전까지는 서연을 행하지 못했다. 남쪽으로 빠르게 이동하여 안전을 확보하는 것이 급선무였기 때문이다. 전주에 도착해서도 한동안은 상황을 주시하느라 서연을 실시하지 못했다. 하지만 어느 정도 상황이 안정되자 인조의 엄명을 받은 시강원 측에서 먼저 서연의 실시를 촉구했다. 결국 소현세자는 2월 14일부터 3월 6일까지 20여 일 중 16차례 서연을 실시했다. 서연의 교재는 역사서인《통감절요通鑑節要》였고, 강론 분량은 한 번에 대략 200자 내외로 평상시 행하던 것의 절반 정도 수준이었다. 앞서 인조가 상황이 상황인지라 공부량을 줄이는 것까지는 허용하겠다고 했던 배려가 실제 적용된 것이다.

하지만 이러한 배려에도 불구하고 소현세자는 서연을 피하고 싶었던 것 같다. 소현세자에게 서연에 성실히 임해달라는 요청이 당시 시강원 관리들에 의해 끊임없이 제기되고 있었기 때문이다.

이경헌李景憲이 아뢰었다. "신들이 친히 임금의 명령을 받들었는데 오로지 서연 한 가지 일만을 간곡히 하교하시니 신들은 서로 감격에 겨워 눈물을 흘리며 물러나왔습니다. …… 마침 요사이 아무런 일도 없어 어제 저녁 서연을 어찌할지 여쭈었는데 아직까지도 분부가 없으니 신들은 근심을 멈출 수 없습니다. 적병이 물러간다면 즉시 돌아가게 될 것입니다. 그런데 여기에 머무른 날이 꽤 되는데도 강론한 책이 매우 적다면 돌아가서 임금을 뵈올 적에 어떻게 변명하려 하십니까?"(《소현분조일기》 권3, 천계 7년(1627) 2월 18일 병진)

이경헌은 만약 지금 전쟁이 종식되어 적병이 돌아간다면 공부를 게을리한 것을 들키게 될 것이라 말하며 서연에 성실히 임할 것을 촉구했다. 또 김육金堉은 소현세자가 성실히 공부하지 않아 배운 것을 전혀 외우지 못하자 그날 배운 구절은 30번 복습하여 반드시 외울 것을 규칙으로 정하기도 했다. 국가의 위기 상황에서도 세자의 교육을 신경 쓰는 국왕과 신료들의 노력을 엿볼 수 있는 한편, 부모의 눈을 피해 딴짓하고 싶어 하는 자식의 심리가

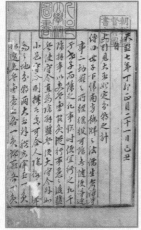

[그림 11] 《소현분조일기》

정묘호란 당시 소현세자가 이끈 분조의 활동은 《소현분조일기》에
상세히 기록되어 있다. 세자시강원에서 편찬했다.

* 출처: 서울대학교 규장각한국학연구원

옛날이라고 다르지 않다는 사실을 확인할 수 있다.

어쨌든 이렇게 소현세자의 데뷔전은 마무리되었다. 생각보다 짧은 기간이라 눈에 띄는 행적을 남길 수도 없었고, 경험 부족으로 인해 미숙한 부분도 있었다. 그렇다 하더라도 당당한 조선 왕실의 일원으로서 자신에게 주어진 역할은 완수했다.

끝나지 않는 갈등

정묘호란 이후 조선과 후금은 정식으로 국교를 맺었다. 정묘호란 이전에도 양국의 접촉이 있긴 했지만 조선에서 국왕 명의로 연락을 취한 적은 없었다. 대신 만포 첨사나 의주 부윤과 같은 지방관 명의로 후금과 연락을 주고받았다. 후금을 동등한 수준으로 인정하지 않았던 것이다. 하지만 정묘호란의 결과 후금과 조선은 형제관계를 맺었고, 그에 따라 조선 국왕 인조와 후금의 한 홍타이지가 정식으로 외교문서를 주고받게 되었다.

그럼에도 불구하고 모든 문제가 해결된 것은 아니었다. 조선은 전쟁을 끝내기 위해 억지로 국교를 맺었기 때문에 진지하게 관계를 발전시킬 마음이 없었다. 반면 후금은 조선과의 관계를 이용하여 끊임없이 경제적 욕구를 충족시키려 했을 뿐만 아니라 자신들의 우위를 확인받고자 했다. 후금의 요구는 시간이 지날수록 늘어났고 조선의 부담은 가중되었다.

소현세자는 말이 없다 ──●

하지만 근본적인 문제는 따로 있었다. 바로 '명'의 존재였다. 정묘호란 당시 후금은 조선과 명의 단절을 요구했지만, 조선은 끝까지 저항하여 명과의 관계를 지켜냈다. 명과 후금이 전쟁을 벌인다면 조선은 명에 대한 의리를 지킬 것이 분명했다. 후금의 입장에서 매우 불편할 수밖에 없는 상황이었다.

'명'의 존재로 인한 갈등은 곧 현실로 다가왔다. 문제는 '가도'에서 시작되었다. 광해군 대부터 가도를 지키며 후금의 후방을 괴롭히던 모문룡은 점차 후금과 내통하며 이득을 챙기는 방향으로 선회했다. 조선은 이 사실을 인지하고 있었지만 명과의 연결 통로를 모문룡이 장악하고 있었기 때문에 달리 어찌할 도리가 없었다. 오히려 모문룡과 후금의 관계로 인해 갈등 상황이 연출되지 않아 반사이익을 누릴 수 있었다.

모문룡의 일탈은 이내 발각되었다. 1629년 영원순무 원숭환은 직접 모문룡을 처단했다. 원숭환이 누르하치에게 좌절을 안겨주었던 영원성 전투의 주인공이라는 사실을 떠올려보면 향후의 상황이 만만치 않으리라는 점은 쉽게 예상할 수 있을 것이다. 모문룡의 빈자리는 원숭환이 파견한 부하들로 채워졌고, 후금은 가도에 대한 공략을 다시 구체화하기 시작했다. 이때 후금이 직면한 문제 중 하나는 가도를 공략할 병선이 없다는 것이었다. 홍타이지는 이 문제를 해결하기 위해 조선에 병선을 요구했다. 하지만 조선은 "명은 우리의 부모국"이라는 이유로 단호하게 거절했다.

정묘호란을 통해 '명과의 관계'를 공인받았던 만큼 조선의 거

[그림 12] 명나라의 장수들

왼쪽부터 오삼계吳三桂, 공유덕, 모문룡, 상가희尚可喜, 경중명이다. 공유덕과 상가희, 경중명은 모문룡의 수하였는데 1633년과 이듬해 후금에 귀순했다. 오삼계는 1644년 명이 멸망할 당시 산해관을 지키고 있다가 청에 귀순한다. 청은 이들을 친왕에 봉하여 공로를 인정했다. 하지만 이 한인 무장 세력은 1670년대 삼번의 난의 주인공이 된다.

부는 표면적으로는 아무런 문제가 없었다. 하지만 결정적 순간이 오면 조선이 명과 한 배를 탈 것이라는 사실을 확인하게 된 후금으로서는 조선과의 관계를 재설정할 필요를 느끼는 계기가 되었을 것이다.

문제는 1633년에도 찾아왔다. 명의 장수였던 공유덕孔有德과 경중명耿仲明이 수군과 병선을 이끌고 후금에 귀순하는 사건이 발생한 것이다. 공유덕과 경중명은 모두 모문룡 휘하에서 활약하던 인물들인데, 모문룡이 살해당한 이후의 상황 변화를 받아들이지 못하고 반란을 일으켰다가 후금으로 망명해버린 것이다. 이들은 배를 타고 등주에서 압록강 하구 방향으로 도주했고, 명에서는 이들의 투항을 막기 위해 곧바로 토벌군을 파견하여 추격전을 벌였다. 공유덕과 경중명의 귀순이 중요했던 이유는 그들이 대동한 수군과 병선 때문이었다. 이 수군과 병선이 후금에 넘어가게 된다면 후금은 약점을 보완할 뿐만 아니라 해로를 통해 명이나 조선을 공략할 수 있는 수단을 확보하게 되는 셈이었다.

상황이 급박하게 돌아가자 명과 후금 양측 모두 조선에 연락을 취했다. 명은 조선에 협공을 요청하는 한편, 공유덕과 경중명 일행에게 절대로 곡물을 판매하지 말라는 당부를 덧붙였다. 반대로 후금의 경우, 병선 보호를 위해 군사들에게 군량을 제공해줄 것을 요청했다. 명과 후금의 상반되는 요구에 직면하게 된 조선은 결과적으로 명의 요구에 응했다. 명군과 함께 토벌 작전을 수행한 것이다. 그 과정에서 조선군의 조총 사격으로 후금 측 인물이 부상을 입기도 했다. 결정적 순간이 되면 조선은 명의 편에 설 것이라는 후금의 우려가 현실이 되었다. 결국 공유덕과 경중명의 귀순 사건 이후 후금 내부에서는 명·몽골과 함께 조선을 적국으로 규정했다.

운명의 순간

조선과 후금의 관계가 곧장 파국에 접어든 것은 아니었다. 후금 입장에서 조선은 시급한 문제가 아니었다. 조선과 관계를 단절하면 세폐나 무역을 통해 획득하던 경제적 이득도 사라지게 되는 셈이니 당장 적대적 감정을 드러낼 필요까지는 없었다. 실제로 양국은 형제관계를 전제로 절충점을 찾아가며 관계를 지속했다.

그사이 힘의 균형을 무너뜨리는 사건이 하나 발생했다. 후금의 몽골 차하르 정복이었다. 차하르는 칭기스칸 이래 몽골제국의 정통성을 계승한 집단으로 17세기 초 대칸 릭단의 통솔 아래 몽골의 재통합을 이뤄내고 있었다. 지리적으로 맞붙어 있던 후금과 차하르는 치열하게 경쟁할 수밖에 없었다. 홍타이지는 차하르에 반감을 가지고 있는 몽골의 부족들과 혼인관계를 통해 동맹을 맺으며 차하르를 압박했는데, 1634년 대칸 릭단이 천연두로 사망하면서 무게의 추가 급격하게 기울었다. 결국 1635년 릭단의 아들과 부인이 후금에 투항하면서 홍타이지는 내몽골 초원의 주인으

[그림 13] 홍타이지

홍타이지는 1626년 누르하치의 뒤를 이어 후금의 한이 되었으며 1636년 대청국을 선포하고
스스로 황제에 올랐다. 묘호는 태종이다.

로 등극했다.

차하르 정복은 몽골이라는 경쟁자를 제거했다는 점에서 중요하지만 이 과정에서 전국옥새가 홍타이지 손에 넘어갔다는 사실 또한 큰 의미를 가진다. 전국옥새는 몽골이 세운 원제국에서 사용하던 것으로 몽골제국 대칸의 정통성을 상징한다. 홍타이지가 이 옥새를 차지하면서 초원의 지배자를 자처할 수 있게 된 것이다.

차하르를 정복하고 전국옥새를 손에 쥔 홍타이지는 중대한 조치를 취했다. '여진'이라는 이름을 버리고 '만주'라는 새로운 이름을 채택한 것이다. 이는 후금의 성장 과정에서 복속된 수많은 이방인에게 소속감을 제공했다. 뒤이어 홍타이지는 1636년 만주와 몽골, 그리고 항복한 한인 무장들의 추대를 받아 황제로 즉위하고 국호를 '금국'에서 '대청국'으로 바꾸었다. 완벽한 진전을 단행한 것이다.

바로 이 지점부터 문제가 발생하기 시작했다. 후금의 한에서 청의 황제로 추대되는 과정 중에 홍타이지는 형제국 조선의 의중을 확인하겠다고 나섰다. 1636년 2월 잉굴다이*와 마푸타** 등의 사신 행렬이 한양을 방문했다. 이들의 방문 목적은 홍타이지의 황제 즉위에 조선도 동참하라는 것이었다. 다시 말해 조선이 청의 신하가 되라는 것이었다.

---

* 조선 측 사료에는 주로 용골대龍骨大라는 이름으로 등장.
** 조선 측 사료에는 주로 마부대馬夫大라는 이름으로 등장.

소현세자는 말이 없다 ─●

이들의 요구를 확인한 조선 사회는 그야말로 격분했다. 조정의 신하나 재야의 선비 가릴 것 없이 상소를 올려 사신을 참수하고 결전을 벌일 것을 촉구했다.

장령 홍익한洪翼漢이 상소했다.

"신이 들으니, 지금 용골대 등의 오랑캐가 온 것은 바로 금국의 한을 황제라 칭하는 일 때문이라고 합니다. 신이 태어났을 때부터 다만 대명大明의 천자가 있다고만 들었을 뿐이었는데, 이런 말이 어찌하여 들린단 말입니까? …… 우리나라는 본디 예의의 나라로 소문이 나서 천하가 소중화小中華라 일컫고 있으며, 역대 임금께서 이러한 뜻을 이어받아 한마음으로 사대하기를 정성스럽고 부지런히 했습니다. 그런데 지금 오랑캐를 섬기며 편안함을 핑계로 국가를 보존하고 구차하게 목숨만 연명한다면 조종조와 천하 사람들과 후대에 대해서 무슨 말을 할 수 있겠습니까. ……

저들이 진실로 천자라 칭하면서 황제에 오르고 싶으면 스스로 그렇게 하면 됩니다. 그런데 누가 그것을 금하기에 반드시 우리나라에게 물어본 뒤에야 황제에 오르려 한단 말입니까. …… 저들이 장차 천하에 '조선이 우리를 높여 천자로 삼았다'고 하려는 것입니다. 그럴 경우 전하께서는 천하에 어떻게 변명하시겠습니까. 신의 어리석은 소견으로는 홍타이지가 보낸 사신을 죽이고 저들의 국서를 사신의 머리와 함께 함에 담아 명나라 조정에 보낸 다음 저들이 형제의 약속을 배신한 것과 참람하게 천자를 자칭한 것을 꾸짖어야 합니다"(《인조실록》 권32, 인조 14년 2월 21일 병신).

홍익한의 상소는 당시 조선 사회에서 느꼈던 당혹감을 여실히 보여준다. 홍익한은 천하의 천자는 오직 명 황제 한 명뿐이라고 강조하면서 지금 조선이 홍타이지의 칭제 행렬에 동참한다면 목숨은 부지할지언정 천하에 죄를 짓는 행위라고 지적했다. 또한 후금이 조선의 동의를 얻으려는 의도는 명분을 얻기 위함이니 조선이 동조해서는 안 된다고 선을 그었다. 마지막으로 후금의 사신을 처단하고 저들의 국서를 명에 보내서 조선의 충성심과 무고함을 증명해야 한다고 주장했다.

홍익한의 상소가 남달리 강경한 어조를 띠었던 것은 사실이다. 훗날 홍익한은 이 상소로 인해 '척화신'으로 낙인찍혀 청에서 죽임을 당한다. 하지만 당시 조선의 많은 사람의 생각도 홍익한과 큰 차이가 없었다. 이처럼 조선 내 분위기가 험악해지자 조급해진 건 잉굴다이 일행이었다. 자신들은 외교문서를 전달하기 위해 온 것인데 목이 달아나게 생겼으니 간담이 서늘해졌을 것이다. 결국 잉굴다이 일행은 목숨을 보전하기 위해 도망치듯 한양을 빠져나갔다. 기록에 따르면 도망치는 잉굴다이 일행을 향해 아이들까지도 뛰쳐나와 욕을 하며 돌을 집어던졌다고 한다.

여기서 한 가지 짚고 넘어가야 할 점은 조선 정부의 대응 방식이다. 후금과의 단절과 사신의 처벌을 요구하는 목소리가 대궐을 가득 메웠지만 이를 현실 정치에 그대로 반영한다는 것은 위험한 발상이다. 조선이 후금에 비해 군사력이 열세인 이유도 있지만 대립의 명분을 조선이 제공할 필요가 없었기 때문이다. 그렇기 때문에 조선 정부는 후금 사신이 가지고 온 외교문서의 격식을 핑계로 접수를 거부하는 방식을 채택했다. 어쨌든 조선과 후금의 관계를 극단적 상황으로 몰고 가지 않기 위해 노력을 기울인 것이다.

하지만 문제는 여기서 그치지 않았다. 그렇게 잉굴다이 일행이 한양을 빠져나간 이후 조정에서는 대책회의에 여념이 없었다. 외교문서의 격식을 빌미로 삼았지만 결과적으로 후금의 요구를 거부했으니 향후 후금이 어떻게 나올 것인가를 두고 갑론을박이 벌어졌다. 최악의 상황까지 상정하고 대비책을 마련해야 했다.

우리나라가 졸지에 정묘호란을 당하여 어쩔 수 없이 후금과 국교를 임시로 맺었다. 하지만 오랑캐의 욕심이 끝이 없어 공갈이 날로 심해지고 있으니 이는 참으로 우리나라에 있어 전에 없던 치욕이다. …… 최근에 이 오랑캐가 더욱 기세가 올라 감히 황제의 칭호를 사용하겠다는 이야기를 가지고 논의를 하자며 갑자기 국서를 가지고 왔다. …… 이제 정의로운 결단을 내려 저들의 국서를 물리치고 받아들이지 않았다. …… 충의로운 선비들은 각기 가지고 있는 책략을 다하고, 용감한 사람들은 종군하여 함께 환난을 헤쳐나가며 국가의 은

혜에 보답하라(《인조실록》 권32, 인조 14년 3월 1일 병오).

인조는 마침내 결단을 내렸다. 팔도에 교서를 내려 후금과 군사적 충돌까지 각오하며 전쟁 대비를 독려했다. 벌어질 수 있는 최악의 경우를 상정하고 만반의 준비를 시작한 것이다. 그런데 조선의 빠른 대처가 오히려 독이 되고 말았다. 후금으로 귀국하고 있던 잉굴다이 일행이 평양을 향해 발송된 인조의 교서를 가로챈 것이다. 교서의 내용은 후금이 쳐들어올 시 결사 항전의 자세로 맞서 싸우자는 것이었지만, 후금과 같은 배를 타지 않겠다는 조선의 진심을 들키고 말았다.

조선의 적극적인 호응을 기대했던 홍타이지로서는 화가 났겠지만 황제 즉위식은 예정대로 거행되었다. 홍타이지는 1636년 4월 11일 심양의 남문 밖에 쌓아놓은 제단에서 하늘을 향해 삼궤구고두三口九叩頭*를 행했다. 이어서 "조선을 정복하고 몽골을 통일했으며 옥새를 획득했기에 천자의 자리에 오른다"는 축문을 낭독했다. 홍타이지가 단 위쪽에 미리 준비해놓은 자리에 위치하자 좌우로 늘어서 있던 여진인과 몽골인, 투항한 한인들이 모두 홍타이지를 향해 삼궤구고두의 예를 올렸다. 후금의 '한' 홍타이지가 대청제국의 '황제'가 되는 순간이었다.

* 세 번 무릎 꿇고 아홉 번 머리를 조아리는 예.

아이러니하게도 당시 홍타이지의 황제 즉위식에는 조선에서 파견한 사신들도 참석해 있었다. 황제 즉위에 동참하라는 국서도 물리치고 전쟁도 불사하겠다는 태도를 보였던 조선에서 왜 사신을 파견한 것일까? '전쟁'은 국가 간 외교에 있어 최후의 수단이다. 전쟁이라는 행위 자체가 많은 희생을 전제로 하는 것이기 때문에 피할 수 있다면 피하는 것이 상책이다. 이런 이유로 조선 조정은 전쟁을 피하기 위한 외교적 노력을 멈추지 않았다. 양국은 정묘호란 이후 일 년에 두 차례 정기적으로 사신을 보내기로 약속했는데, 조선은 황제 즉위식에 맞춰 사신을 파견한 것이다. 양국 관계가 파국으로 치닫는 것을 막는 동시에 홍타이지의 황제 즉위식이 실제로 거행되는지 확인하려는 목적이었다.

황제 즉위식이 성황리에 전개되고 있던 바로 그때, 조선 사신 나덕헌羅德憲과 이확李廓은 좌불안석이었을 것이다. 홍타이지의 황제 즉위를 인정하지 않기로 결정한 이상 그들은 완벽한 이방인이 되어 즉위식을 관망할 수밖에 없었기 때문이다. 자리를 채운 모든 사람이 홍타이지에 대한 경외심을 드러내는 바로 그 순간에 멀뚱멀뚱 서서 모든 것을 지켜보고만 있던 조선 사신은 곧 표적이 되었다. 하지만 나덕헌과 이확은 목숨이 위태로운 그 순간에도 끝까지 홍타이지에 대한 삼궤구고두를 거부했다. 청의 관원들이 강제로 의례를 집행하고자 그들을 구타하여 옷이 찢어지고 갓이 부서지는 수모를 겪으면서도 뜻을 굽히지 않았다. 나덕헌과 이확은 찬란히 빛나던 황제 즉위식에 옥의 티가 되었다. 완벽히 흙탕

물을 끼얹은 것이다.

홍타이지는 나덕헌과 이확을 처벌하지 않았다. 오히려 이들에게 국서를 전달하여 조선 국왕에게 메시지를 전달하고자 했다. 국서는 조선이 청을 적대했다며 성토하는 내용을 담고 있었다. 국서를 발송한 홍타이지의 저의는 외교적인 방식을 통해 문제를 해결하려는 모습을 연출하여 갈등의 책임을 조선으로 돌리고자 함이었다.

여기서 또 하나의 문제가 발생했다. 귀국 길에 오른 나덕헌과 이확은 청 황제의 국서를 수령했다는 사실이 너무 찜찜했다. 그래서 몰래 열어 내용을 확인한 결과 조선에서 받아들이기 어려운 용어와 내용이 가득했다. 이 국서를 가지고 귀국했다가는 처벌을 면치 못할 것이라는 판단을 내린 나덕헌과 이확은 결국 국서를 버려둔 채 귀국했다. 이로써 홍타이지의 외교적 노력을 조선이 거부한 모양새가 연출되었다. 홍타이지의 의도에 조선이 걸려든 것이다. 참고로 나덕헌과 이확은 귀국 후 유배되었다. 국서를 버려서가 아니라 참람되게 황제를 자칭한 홍타이지의 국서를 처음부터 거부하지 않았다는 이유에서였다.

이제 조선과 청은 돌이킬 수 없는 강을 건너고 말았다. 이쯤에서 한 가지 짚고 넘어가자. 이 갈등의 책임은 누구에게 있는가? 정묘호란 당시 후금은 조선과 명의 관계를 인정했다. 하지만 홍타이지의 황제 즉위에 동참하라는 요구는 명을 버리고 청의 신하가 되라는 것이었다. 이는 정묘호란에서 도달했던 합의점을 청이

스스로 깨버린 것이다. 그럼에도 많은 사람들은 조선의 선택이 유연하지 못했다며 비판한다. 하지만 이는 17세기 동아시아의 격동이 청의 승리로 귀결된다는 사실을 알고 있는 현대인의 시선일 뿐이다. 당대 조선인들의 시점에서 바라본다면 여전히 명분으로 보나 실리로 보나 최선의 선택은 명일 수밖에 없었다.

남한산성의 비극

홍타이지의 황제 즉위식이 열린 1636년 4월로부터 병자호란이 발발하는 12월까지 8개월의 시간 동안 양국은 철저히 전쟁 준비에 착수한다. 청의 경우 조선과의 전쟁을 승리로 이끌기 위해 사전 작업에 돌입했다. 명나라의 변경 지역을 공략하여 후방에서 발생할 수 있는 위험을 제거했다. 또한 청이 동원할 수 있는 최대 병력인 4만 5,000여 명의 출정을 준비하는 동시에 전쟁을 승리로 이끌기 위한 비장의 수로 황제 본인의 친정을 예비했다.

　알려진 바와 달리 조선 역시 청의 침략에 착실히 대비했다. 우선 외교적으로 계속해서 국서 전달을 시도하며 대화 창구를 복구하기 위해 노력했다. 군사적으로도 청의 침공에 대비하여 여러 가지 방책을 세웠다. 조선의 대응 방침은 평안도 주요 거점의 방어 병력을 산성으로 이동시켜 최대한 시간을 지연시키고 그 사이 인조 정권이 방어에 용이한 강화도로 대피하는 것이었다. 이렇게 전쟁을 장기전으로 끌고 간 후 남쪽 지역의 근왕병들과 명군의 도움을 통해 청군의 공격을 무력화하는 것이 최종 전략이었다.

조선의 전략은 모범 답안에 가까웠다. 정면으로 맞붙어서 승리할 확률이 희박하기 때문에 원정군이 가장 부담스러운 장기전으로 대응한다는 방침이었다. 아직 명이 건재한 상황이라 청 입장에선 조선 공략에 치중할 수 있는 시간이 많지 않은 점도 고려했을 것이다. 하지만 조선의 대응 전략은 누구라도 예상 가능하다는 점에서 문제가 있었다. 당연히 홍타이지는 이러한 대응을 무력화하기 위한 전략을 구상했고, 그 전략은 주효했다.

홍타이지는 300명의 선봉대로 한양을 급습하게 했다. 12월 8일 압록강을 넘은 선봉대는 불과 6일 만인 12월 14일 한양에 도착했다. 한양에 있던 인조가 선봉대의 존재를 알아차린 것은 도착 하루 전인 13일이었다. 조선 조정은 하루 만에 파천 준비를 마쳤지만 성문을 나서려던 때 선봉대는 이미 홍제원에 도달해버렸다. 결국 조선 조정은 선봉대에 의해 봉쇄된 서쪽 경로를 포기하고 차선책으로 준비했던 남한산성으로 향할 수밖에 없었다. 하지만 남한산성은 장기전을 수행할 만한 준비가 되어 있지 않았다.

남한산성에서 외로운 항쟁을 벌이던 인조 정권의 상황은 날이 갈수록 힘겨워졌다. 남부 4도(강원, 충청, 전라, 경상도)의 근왕병들은 청군에 의해 각개 격파되었고, 기대했던 명군의 지원은 이루어지지 않았다. 1637년 1월 10일에 이르자 남한산성은 완벽히 고립되었다. 기대가 좌절로 바뀌면서 조선 조정은 강화 협상을 시도했

소현세자는 말이 없다 ───●

다. 하지만 홍타이지는 묵묵부답으로 일관했다. 홍타이지는 2월 말까지 포위를 지속해서 조선 조정을 벼랑 끝까지 몰아세울 작정이었다. 그야말로 진퇴양난의 상황이었다.

상황을 반전시킨 것은 놀랍게도 천연두라는 전염병이었다. 청 군영에서 천연두 환자가 발생한 것이다. 오랜 시간 천연두에 노출되었던 조선의 경우 상대적으로 면역력이 높았지만, 인구밀도가 낮은 요동이 주 무대였던 청의 경우 천연두에 취약했다. 따라서 천연두가 한 번 발생하면 면역력이 없는 사람들은 어떻게든 발병지로부터 이탈하여 안전을 확보하려 했다.

문제는 천연두가 발생한 장소가 '거리 두기'를 할 수 없는 전장이라는 점이었다. 게다가 홍타이지 역시 천연두를 앓은 적이 없어 면역력을 갖지 못한 상황이었다. 천연두 발병에 홍타이지 역시 전장을 이탈하고 싶은 마음이 굴뚝같았을 것이다. 하지만 조선 정복을 완수하기 위해 친정까지 단행한 마당에 자신의 안위만 챙기며 귀환한다면 남겨진 군의 사기는 땅바닥으로 떨어질 것이 분명했다. 남은 방법은 전쟁을 조기에 끝내는 것이었다.

강화 협상에서 조금이라도 우위에 서기 위해서는 약점은 최대한 감추고 상대를 당혹스럽게 만들 패는 하나라도 더 확보해야 한다. 홍타이지는 곧바로 강화도 점령 작전을 지시했다. 인조는 강화도로 대피하는 데 실패했지만 둘째 아들과 셋째 아들인 봉림대군과 인평대군을 비롯한 왕실 인사와 조정 요인 일부가 강화도로 피신해 있었기 때문이다. 결국 1월 22일 도르곤이 이끄는 청의 별

[그림 14] 삼전도비

삼전도비는 병자호란 이후 청의 요구로 1639년 세워졌다.
비석 앞면의 왼쪽은 만문滿文, 오른쪽은 몽문蒙文,
뒷면은 한문漢文으로 적혀 있다. 현재는 삼전도비라고 부르지만 비석에는
"대청황제공덕비大淸皇帝功德碑"라는 제목이 새겨져 있다.

동부대가 강화도를 점령했고, 강화도에 있던 주요 인사들은 포로가 되었다. 26일 남한산성에 이 소식이 전달되면서 조선 조정은 전의를 완전히 상실했다.

1월 27일 인조가 청 측의 요구사항을 수락하겠다는 입장을 전달하자 이튿날 홍타이지는 향후 조선이 수행해야 할 10여 가지 요구사항을 전달했다. 29일 강화의 한 가지 조건이었던 '척화신' 압송이 이루어졌고, 30일 인조가 출성하여 삼전도에서 항복의례를 수행했다. 이로써 병자호란은 공식적으로 종결되었다.

패전의 대가

병자호란 당시 소현세자는 어떠한 역할을 담당했을까? 앞서 정묘호란 때와 마찬가지로 전시 상황이었기 때문에 분조를 맡았을 것이라 생각하기 쉽다. 실제로 청군의 침입이 처음 한양에 보고되자마자 세자의 분조와 관련한 논의가 있었다. 하지만 인조는 분조를 허락하지 않았다. 당시의 논의가 단편적으로만 남아 있어 구체적인 정황은 알 수 없지만 아마도 청군의 침입 규모나 대응 상황을 명확히 파악한 후 대응하려고 했던 것으로 보인다. 하지만 앞서도 설명한 것과 같이 다음 날 청군의 선봉대가 도성 근처까지 도착했다. 상황이 급박하게 돌아가면서 소현세자는 분조를 구성할 겨를도 없이 인조와 함께 남한산성에 갇혔다.

인조가 남한산성에 들어가던 그날, 최명길崔鳴吉은 청군의 선봉대와 강화 협상을 진행했다. 협상 내용은 다음 날 전해졌다. 조선 국왕의 동생을 인질로 보내는 것이 강화의 기본 조건이었다. 이에 조선 조정에서는 왕실의 먼 친척인 능봉수綾峯守 이칭李偁을 인조의 동생으로 꾸며 인질로 보냈다. 하지만 이러한 시도는 곧장 발각되었고, 청군은 조건을 높여 세자를 인질로 요구했다.

청군의 요구에 조정은 대응 방향을 두고 갈등에 빠졌다. 김류 등의 대신들은 세자를 인질로 보내 저들의 기분을 풀어주어야 한다는 입장이었지만 사헌부·사간원·세자시강원의 신하들과 동양위東陽尉 신익성申翊聖 등은 극력 반대했다. 특히 선조의 부마로서 왕실의 일원이기도 했던 신익성은 금나라에 포로로 끌려가 사망한 송나라 휘종과 흠종의 사례를 들며 세자를 인질로 보낼 경우 그 주장을 제기한 신하의 목을 베고 자신도 따라 죽을 것이라고 선언했다. 결국 신익성 등의 반대로 인해 세자 인질 논의는 중단되었다.

홍타이지가 도착도 하기 전에 선봉대가 조선 정부와 강화를 맺는 것은 월권이었다. 이런 점에서 청군 선봉대가 실제로 강화를 맺을 의사가 있어서 세자를 인질로 요구했던 것은 아닌 듯하다. 청군 선봉대는 세자를 이용해 혹시 모를 조선 측의 반격을 사전에 차단하기 위한 목적이었던 것으로 보인다. 조선 조정에서는 청군 선봉대가 300명에 불과하다는 사실을 미처 몰랐기 때문에 남한산성으로 대피했지만 이 사실을 알아차린다면 언제라도 반격에

소현세자는 말이 없다 ──●

나설 수 있는 상황이었다. 따라서 세자를 인질로 삼아 본대가 도착하기까지 시간을 벌고자 했던 것이다.

세자를 인질로 보내는 건은 무마가 되었지만 상황은 반전되지 않았다. 조선 조정은 강화를 맺는 쪽으로 가닥을 잡고 계속해서 접촉을 시도했다. 다행히 천연두 발생 이후 청 진영에서도 강화에 대한 긍정적인 답변을 내놓기 시작했다. 문제는 강화의 조건이었다. 청에서는 세 가지 조건을 제시했다. 칭신稱臣의 태도를 분명히 할 것과 척화신의 압송, 그리고 조선 국왕 인조의 출성出城이었다.

칭신은 조선이 청의 신하가 되는 것으로 명과의 단절을 전제로 했다. 병자호란 이전에는 상상도 할 수 없는 일이었지만 국가의 명운이 걸린 상황에서는 어찌할 도리가 없었다. 척화신 문제 또한 자국 신하의 생사여탈권을 적들에게 내주는 것이었기에 승낙하기 쉬운 문제는 아니었다. 하지만 윤집과 오달제 등이 자진해서 가겠다고 청하면서 압송이 결정되었다. 앞서 상소를 올렸던 홍익한도 압송 대상이 되었다.

가장 논란이 된 것은 인조의 출성이었다. 조선 국왕이 조선 영토 내에서 적국 수장에게 무릎을 꿇다니, 참으로 치욕적인 일이었다. 청에서 다른 마음을 먹고 국왕에게 위해를 가하는 경우도 고려해야 했다. 그렇게 될 경우 조선은 구심점을 잃고 그대로 무너져버릴 수도 있었다. 앞의 두 가지 조건과 동일하게 취급할 수 없는 문제였던 것이다. 결국 조정에서는 이 강화 조건만큼은 수락할

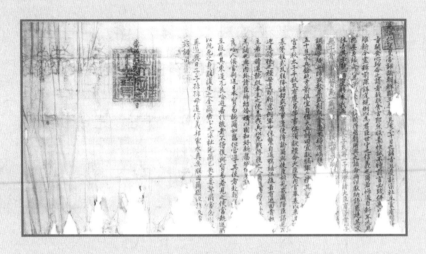

[그림 15] 〈청태종조유清太宗詔諭〉

1637년 1월 28일 홍타이지가 조선에 보낸 국서이다. 이 국서에는 조선이 수행해야 할
10가지 이상의 의무사항이 적시되어 있는데, 표시된 부분이 인질과 관련된 사항이다.

＊출처: 국사편찬위원회 한국사데이터베이스

수 없다는 결론을 냈다. 하지만 청에서는 황제가 직접 출정한 전쟁인 만큼 조선 국왕이 출성해야 한다며 조선의 요청을 거부했다.

양측이 입장 차이를 좁히지 못하자 세자가 나섰다. 아버지 대신 자신이 출성하겠다고 한 것이다. 세자의 출성을 조건으로 다시 협상을 시도했지만 청의 입장은 단호했다. 조선 국왕이 아니면 안 된다는 것이었다. 결국 강화도 함락 소식이 전해지면서 인조는 출성을 결심하고 삼전도로 나가게 되었다.

이에 따라 세자의 역할은 종료된 것처럼 보였다. 하지만 마지막에 반전이 일어났다. 삼전도에서의 항복 의례가 있기 이틀 전 홍타이지가 조선이 수행해야 할 의무조항을 추가 제시했는데, 바로 그 안에 세자에게 부여된 새로운 역할이 있었던 것이다.

그대(=인조)는 장자와 다른 한 아들을 인질로 삼고, 여러 대신들 가운데 아들이 있는 자는 아들로써, 아들이 없는 자는 동생으로 인질을 삼으라. 만일 그대에게 불우한 일이 생긴다면 짐이 인질로서 후사를 세울 것이다(《인조실록》 권34, 인조 15년 1월 28일 무진).

홍타이지는 인조의 맏아들, 즉 소현세자와 다른 한 명의 아들을 인질로 보낼 것을 명시했다. 또한 인조가 사망한다면 인질로 보내진 아들 중에서 임금을 세울 것이라 선언했다. 홍타이지의 조치는 원나라가 고려에 행했던 제도를 모방했을 가능성이 크다.

고려가 원나라와 강화한 이후 고려의 세자는 원의 수도인 대도에서 생활하다가 국왕으로 취임할 때가 되어서야 고려로 돌아왔다. 이 조항으로 인해 소현세자는 물론이고, 세자의 동생이었던 봉림대군까지 인질 신세로 전락하고 말았다. 소현세자의 앞날에 먹구름이 끼는 순간이었다.

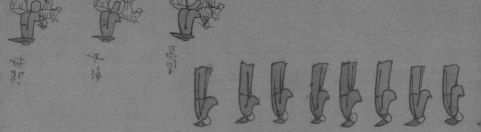

03

심양에서의 삶과
한양에서의 죽음

심양으로 향하는 길

소현세자는 졸지에 인질이 되어 심양으로 향하게 되었다. 1637년 1월 30일 삼전도에서 항복 의례를 마친 후 인조를 비롯한 조선 측 인사들의 한양 복귀가 허락되었지만 세자는 그대로 청 진영에 남았다. 잠시 집으로 돌아가 한숨 돌릴 여유마저 허락되지 않았다.

며칠 동안 후속 작업이 이어진 후 2월 8일 마침내 심양으로 출발했다. 소현세자 일행의 호송을 담당한 인물은 도르곤이었다. 도르곤은 누르하치의 아들이자 황제 홍타이지의 이복동생으로 상당한 실력자였다. 남한산성에 있던 조선 조정을 좌절시킨 강화도 점령 작전을 이끈 인물이기도 했다.

도르곤: 멀리 오셔서 전송해주시니 매우 감사합니다.

인조: 가르치지 못한 자식이 지금 따라가니, 대왕께서 잘 가르쳐주시기 바랍니다.

도르곤: 세자의 연세가 저보다 많은 데다가 일을 처리하는 모습을 보니 실로 제가 가르칠 입장은 아닙니다. 하물며 황제께서 후하게 대해 주실 것이니 염려를 놓으십시오.

인조: 자식들이 궁궐에서만 생활했는데 지금 듣자 하니 여러 날 노숙하느라 벌써 병에 걸렸다고 합니다. 가는 동안 온돌방에서 잠을 잘 수 있게 해주시면 다행이겠습니다.

도르곤: 삼가 말씀을 받들겠습니다. 머나먼 길을 떠나보내느라 필시 여러모로 마음을 쓰실 텐데 국왕께서 건강을 해치실까 걱정됩니다. 세자가 간다 하더라도 틀림없이 머지않아 돌아올 것이니, 행여 너무 염려하지 마십시오. 갈 길이 매우 머니 여기서 사직할까 합니다(《인조실록》 권34, 인조 15년 2월 8일 무인).

소현세자 일행이 떠나기 전 인조는 창릉 부근에서 직접 전송했다. 위의 인용문은 인조가 인질들의 호송을 담당한 도르곤과 대화를 나누는 장면이다. 인조는 궁궐에서 자란 소현세자와 봉림대군이 고된 노숙으로 몸이 상할까 걱정하며 온돌방에서 재워주길 부탁했다. 도르곤은 황제가 세자 일행을 후하게 대해줄 것이고 인질 생활이 오래 지속되지는 않을 것이라 말하며 인조의 걱정을

[그림 16] 도르곤 초상

도르곤은 누르하치의 14번째 아들로 홍타이지의 이복동생이다. 홍타이
지 사후 푸린이 여섯 살의 나이로 황제에 즉위하자 도르곤은 섭정왕이
되어 실권을 장악한다. 도르곤은 1644년 북경 점령을 주도하고, 1650
년에는 조선의 의순공주義順公主와 혼인한다.

덜어주었다.[*]

도르곤과 인사를 마친 인조는 소현세자와 봉림대군을 찾아 작별의 말을 전했다. 인조는 "항상 힘써라. 지나치게 화를 내지도, 가볍게 보이지도 말라"는 당부를 남겼다. 마침내 세자 일행은 먼 길에 올랐다.

심양으로 향하는 여정은 비교적 평온했다. 도르곤은 소현세자 일행을 우대했고, 소현세자 역시 도르곤과 선물을 주고받으며 좋은 관계를 유지했다. 세자 일행은 3월 30일 압록강을 건너 청의 영역에 들어갔고 4월 10일 심양에 도착했다. 한양에서 출발한 지 60여 일 만이었다. 심양 교외에서 홍타이지가 직접 준비한 연회를 즐긴 후 미리 마련된 객사에 짐을 풀면서 여정은 마무리되었다. 인질 신세가 마음 편할 수는 없었겠지만 첫 발걸음은 비교적 가벼웠다.

심양에서의 생활

인질 하면 밧줄에 꽁꽁 묶여 삼엄한 감시에 시달리는 모습을 상상하기 쉽다. 하지만 소현세자의 인질 생활은 그런 모습과 달랐다.

---

* 도르곤이 무언가 착오를 한 듯하다. '세자가 자신보다 나이가 많다'는 도르곤의 말과 달리 그와 소현세자는 동갑내기였다.

우선 소현세자는 혼자가 아니었다. 동생 봉림대군을 비롯하여 삼공육경三公六卿* 대신들의 자제 혹은 동생이 소현세자와 함께 인질로 끌려왔다. 게다가 세자를 보필하는 시강원의 관원 및 각종 명목의 관료들이 동행했을 뿐만 아니라 그들에게 딸린 종인들까지 있었다. 이렇다 보니 처음 심양에 도착했을 때 세자 일행은 500여 명에 달했다. 물론 이 수는 청의 강요와 조선의 경제적 부담으로 점차 줄어든다. 그렇다 하더라도 소현세자가 외로움을 느끼지 않기에는 충분한 인원이었다.

소현세자 일행은 단순히 수만 많았던 것은 아니었다. 소현세자가 생활했던 심양관瀋陽館은 각종 업무를 수행하기 위한 조직을 구성했다. 예컨대 조선의 행정기관인 육조六曹** 중 이조와 형조를 제외하고 나머지 사조를 모방하여 호방, 예방, 병방, 공방이 설치되었다. 일종의 작은 정부를 구성한 것이다.

소현세자 일행에 대한 대우는 어떠했을까? 우선 잠자리를 알아보자. 처음 소현세자가 도착했을 때는 원래 조선 사신들이 이용하던 동관東館이라는 곳을 숙소로 사용했다. 하지만 사신들이 사용하던 곳이다 보니 규모도 작고 시설도 불편했다. 많은 인원이 심양에서 인질 생활을 할 것이라 예상하지 못했기 때문에 벌어

---

* 삼정승 및 육조판서.
** 고려·조선 시대에, 국가의 정무政務를 나누어 맡아보던 여섯 관부官府. 이·호·예·병·형·공조.

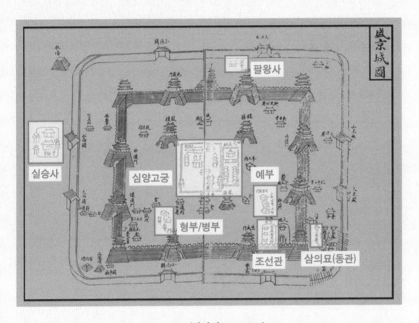

[그림 17] 〈성경성도盛京城圖〉

현재 심양관이 위치했던 지역에 대해서는 의견이 분분하다.
그림은 심양의 주요 관청 위치를 그린 〈성경성도〉. 오른쪽 아래에 소현세자 일행이 머문
조선관이 위치해 있던 것으로 추정된다.

진 상황이었다. 이 문제는 황제 홍타이지가 새로운 관소인 심양관을 지어줌으로써 해결되었다. 심양관은 1644년 소현세자가 북경으로 이동하기 전까지 관사로 이용되었다.

다음으로 세자 일행의 식사 문제에 대해 확인해보자. 수백 명의 식사를 준비하는 것은 생각보다 만만한 일이 아니다. 청에서 먹을거리를 계속 제공해주기도, 조선에서 계속 식재료를 보내주기도 부담스러웠다. 더구나 인질 생활의 기한이 정해진 것이 아니었던 터라 이를 근본적으로 해결할 방안을 모색해야만 했다. 식사 문제는 현재 공유되고 있는 소현세자 서사와도 밀접한 연관이 있기 때문에 뒤에서 조금 더 자세히 설명하겠다. 다만 간단하게 운만 띄우면 처음 1년간은 청에서 현물로 제공해주다가 이후에는 은을 지급하는 방식을 취했다. 하지만 이마저도 청의 입장에서 큰 부담이었기 때문에 1642년부터는 심양관이 자급자족하는 방식으로 전환되었다.

소현세자 개인의 일상은 어떠했을까? 본래 세자의 주된 일상은 문안과 공부이다. 문안이란 아침저녁으로 부모를 찾아뵙고 안부를 묻는 행위로, 일상에서 효를 실천하는 덕목이다. 하지만 심양에 끌려와 있는 상황에서 아버지 인조에게 문안을 드리는 것은 불가능했다. 다행스럽게도(?) 이러한 상황에서 문안을 대체하는 의례가 존재했다. 굳이 인질 생활이 아니더라도 여러 가지 이유로 부모님 곁을 떠나 있는 순간이 존재하기 때문에 고금의 여러 유학자가 대안을 마련해놓은 것이다. 매달 1일과 15일 대궐이 있는 남쪽을 향해 행하는 망궐례望闕禮가 바로 그것이다. 관소에서 소현세자는 망궐례를 잊지 않고 행했다.

공부는 앞에서도 이야기했던 서연을 가리킨다. 전쟁 중에도 공부는 계속되었는데 인질 생활 중이라고 바뀔 것이 있겠는가. 심양관에는 언제라도 세자를 교육할 시강원 소속의 신하들이 대기하고 있었다. 자신들의 역할을 명확하게 인지하고 있던 그들은 소현세자가 공부를 등한시하려는 눈치가 보일 때마다 쓴소리를 아끼지 않았다. 인질 생활 중에도 공부를 피해갈 수 없으니 세자의 인생도 고달프다 할 수 있겠다.

문안과 공부가 세자로서의 업무였다면 인질로서의 업무도 존재했다. 우선 매달 5, 15, 25일에 열리는 청나라의 조참朝參에 참여해야 했다. 조참은 신하들이 황제에게 문안을 드리는 동시에 황제가 신하들에게 주요 사안을 공지하는 모임으로, 조선이 청의 제후국이 되었기 때문에 소현세자 역시 참석의 의무가 있었다.

조참 외에 황제가 주최하는 연회, 황실의 혼인이나 제사와 같은 주요 행사에도 참석해야 했다. 행사가 있기 며칠 전 역관譯官이 와서 참석 인원을 통보하면 준비했다가 참석하는 방식이었다. 세자가 참석해야 하는 행사 중에는 사냥도 있었다. 사냥은 청이라는 국가를 지탱하는 중요한 의식 중 하나였다. 청을 구성하는 기본 요소인 팔기八旗가 사냥의 단위였던 니루[牛錄]를 근간으로 하기도 하거니와 전투 기술을 습득하고 만주 고유의 기풍을 유지하는 데 실질적인 도움을 주었다. 또한 사냥은 천연두와 같은 전염

병을 피하는 수단이기도 했다. 이런 이유로 황제는 지속적으로 대규모의 사냥을 기획하여 만주인의 정체성을 상기시켰다.

황제 홍타이지는 곧잘 소현세자를 비롯한 조선 왕족에게도 사냥 동참을 명했다. 자신들의 군사적 능력을 과시하기 위해서였다. 궁궐 바깥을 나갈 일이 없던 소현세자에게 사냥 참여는 무척이나 고역이었다. 말 타기에 익숙하지 않았기 때문이다. 실제로 세자는 사냥 중에 후미로 뒤처지거나 낙마로 부상을 입는 일이 많았다. 또 20여 일 이상의 노숙을 동반하는 사냥일 경우 고된 일정으로 병을 얻기도 했다.

사냥도 고됐지만 인질로서의 의무 중 소현세자를 가장 괴롭힌 것은 전쟁이었던 듯하다. 홍타이지는 명과의 전쟁에 몇 차례 소현세자를 동참시켰다. 이 역시 사냥과 마찬가지로 청의 군세를 과시하여 명의 승리를 믿는 조선의 희망을 꺾어버리기 위한 목적이었다. 또한 조선의 세자가 청의 편에 서서 명과 전쟁을 수행하고 있다는 선전 효과도 노렸을 것이다. 홍타이지는 명의 장수들이 항복할 때마다 소현세자를 대동하고는 심정을 캐묻기도 했다.

소현세자가 참전했다고 해서 직접 창이나 총을 들고 전투에 참여했던 것은 물론 아니다. 하지만 전쟁터는 항상 위험에 노출되어 있다. 소현세자가 위치한 청 진영이 항상 승리하리라는 보장도 없다. 죽음에 대한 원초적인 공포가 항시 존재했을 것이다.

문제는 더 있었다. 조선은 200년 이상 명나라를 섬겨왔다. 병자호란으로 인해 청을 섬기게 되었지만 여전히 마음속으로는 명을 상국이라 여겼다. 이 마음은 명이 멸망한 이후까지도 유지되어 명나라의 연호를 계속 사용한다든지, 궁궐 내에 명나라 황제 만력제를 위한 제단을 쌓는다든지 하는 행위들을 통해 발현되었다. 그렇게 명을 끔찍이도 사랑하는데 명을 공격하는 행위에 동참하게 되었으니 괴롭지 않을 수가 없었으리라. 심지어 소현세자는 1644년 청이 북경을 점령하는 전쟁에도 동행했다. 자신의 눈으로 명이 멸망하는 현장을 바라봐야만 했으니 참담한 심정은 이루 말할 수 없었을 것이다. 하지만 이 역시 인질로서의 의무에 해당했고, 소현세자가 피할 방법은 없었다.

두 번의 귀국

그렇다면 소현세자는 심양에서만 인질 생활을 수행했을까. 그렇지 않다. 앞에서 본 것처럼 소현세자는 황제의 명령에 의해 교외로 사냥을 나가거나 명과의 전쟁에 참여했다. 1644년 청이 중국의 주인이 된 이후에는 북경에서 두 달여를 생활하기도 했다. 뒤에서 살펴보겠지만 소현세자가 선교사 아담 샬을 만났다고 알려진 것 역시 바로 이 시기에 해당한다.

　잘 알려지지 않았지만 소현세자는 조선도 두 차례 방문했다. 앞에서 살펴본 것처럼 홍타이지는 인조가 사망할 시 인질로 들어와 있는 세자를 국왕으로 즉위시키겠다고 선언했다. 하지만 홍타이지는 인질에 대한 기본적인 틀만 제시했지, 인질 관리에 관한 구체적인 그림은 제공하지 않았다. 조선에서는 일찍부터 이 점을 파고들어 소현세자의 조선 왕래를 시도했다.

시작은 소현세자가 심양에 도착하고 넉 달이 지난 1637년 8월이었다. 심양관에서 소현세자가 인열왕후仁烈王后*의 대상大祥**에 참석하게 해달라고 요청했다. 하지만 조선 업무를 담당하던 잉굴다이는 세자가 심양에 온 지 얼마 되지도 않았는데 귀국을 요청하는 것은 어불성설이라며 거절했다. 잉굴다이가 거부하자 조선에서는 외교문서를 통해 세자의 귀국을 공식 요청했다. 그러자 홍타이지는 세자의 귀성을 불허한다는 칙서를 조선에 보내왔다.

짐이 주변에 사람이 없어서 왕의 두 아들을 시위로 삼으려는 것도 아니고, 군사 작전에 동원하려 하는 것도 아니다. 왕도 마음에서부터 복속하여 자식들을 보내온 것은 더더욱 아니다. 이상의 언급한 내용은 거의 틀림이 없지 않은가. 왕이 정말 진심을 다해 은혜에 보답하여 서로간의 구별이 사라지는 때가 되면 요청하지 않아도 자유롭게 왕래하는 것을 허락할 것이다. 이것이야말로 비로소 두 나라가 한 가족이 된 모습일 것이다《동문휘고》 별편 권3, 불허귀성칙不許歸省勅).

* 소현세자의 어머니.
** 사망한 날로부터 만 2년이 되는 기일에 지내는 제사.

홍타이지는 인질이 전쟁의 패배에 대한 대가이자 조선의 이탈을 방지하기 위한 보험과 같은 성격임을 상기시키며 단호하게 세자의 귀국을 거부했다. 다만 조선이 진심으로 충성을 바칠 경우 세자의 자유로운 왕래가 가능할 것이라는 단서를 달아 여지를 남겨놓았다.

세자의 귀국이 성사된 것은 1640년의 일이었다. 1639년 인조의 건강이 악화되자 조선에서는 문안을 구실로 다시 세자의 귀국을 추진했다. 인조의 건강 문제는 세자의 귀국 여부와 별개로 민감한 사안이었기 때문에 청에서는 곧장 사신을 파견해 인조의 안위를 확인했다. 그렇게 인조의 병세를 직접 확인했음에도 불구하고 청에서는 세자의 귀국과 관련하여 어떠한 움직임도 보여주지 않았다.

그러자 조선에서는 최명길을 사신으로 보내 로비를 벌이는 한편, 신문申文이라는 형태의 외교문서를 통해 다시 한번 귀국을 공식 요청한다. 본래 조선에서 청으로 발송하는 외교문서는 조선 국왕의 명의로 제출된다. 수신인이 황제일 경우 표문表文이나 주문奏文, 예부나 호부일 경우에 자문咨文이라는 형식상의 차이가 있을 뿐이다. 그런데 신문은 조선 신민을 발신인으로 하는 외교문서로 특별한 상황에만 쓰인다. 병세가 위중한 조선 국왕이 문서를 발송할 수 없는 상황이라는 점을 어필하고자 한 것이다. 조선의 간절한 요청 때문이었을까? 1640년 2월 소현세자의 1차 귀국이 성사되었다. 인질 생활 3년 만의 귀국이었다.

일시적이나마 소현세자가 조선을 방문함으로써 자유로운 왕래의 길이 열리는 듯했다. 하지만 이후 3년여 동안 조선은 세자의 귀국을 요청하지 않았다. 별도의 기록이 없어 조선이 세자의 귀국을 청하지 않은 정확한 이유는 알 수 없지만 크게 두 가지 사정 때문으로 추정된다. 첫째, 세자의 귀국을 요청할 명분이 없었다. 1차 귀국 당시에는 인조의 병환을 구실로 들었지만 인조가 건재한 상황에서 똑같은 명분을 내세울 수는 없었을 것이다. 게다가 1642년 조선과 명 간의 비밀외교가 발각되면서 청과의 관계가 경색되었다. 앞서 홍타이지의 발언에서도 알 수 있듯 세자 귀국의 전제 조건은 조선의 충성이었다. 그런데 조선의 두 마음이 드러나버렸으니 세자의 귀국 요청은 꿈도 못 꿀 상황이었다.

둘째, 인조와 소현세자의 관계가 악화되기 시작했다. 문제는 병자호란 이후 조선의 태도에서 비롯되었다. 홍타이지는 조선이 수행해야 할 의무사항 가운데 징병 문제를 포함시켰다. 명과 청이 전쟁을 벌이면 조선은 청에 군사를 제공해야 한다는 것이었다. 국가의 존속이 달린 상황이라 일단 수락하긴 했는데 실제로 징병 요구가 이루어지자 조선의 입장은 난처했다. 공격 대상이 다름 아닌 명이었기 때문이다. 결국 조선에서는 차일피일 시간을 끌거나 전투에 불성실하게 참여하는 등 소극적 저항을 이어나갔다. 그러자 청에서 인조를 끌어내리고 소현세자를 왕으로 세울 수 있다는 식의 발언들을 내기 시작했다. 이 소식이 조선에 전해지자 인조와 신하들은 예민하게 반응했다. 부자관계가 정치적 경쟁관계로 전환되는 순간이었다. 세자의 귀국 문제에 시큰둥할 수밖에 없는 분위기가 조성되었다.

1643년 8월, 상황이 바뀌었다. 조·청관계의 규례를 작성했던 홍타이지가 세상을 떠난 것이다. 순치제順治帝가 즉위하자 조선에서는 세자의 귀국을 타진해보자는 의견이 나왔다. 홍타이지와 달리 새로운 황제가 이 문제를 너그럽게 처리해주지 않을까 하는 기대 때문이었다. 그런데 조선이 귀국을 요청하기도 전에 청에서 세자의 귀국을 거론했다. 그리고 1643년 12월 2차 귀국이 성사되었다.

왜 청에서는 조선의 요청도 없었는데 소현세자의 귀국을 추진했을까? 정말 새로운 황제가 인질 문제에 대해 관용적인 자세를 가졌던 것일까? 황제의 의중은 아니었던 듯하다. 새로운 황제는 여섯 살에 불과했기 때문이다. 그렇다면 세자의 귀국을 기획한 인물은 누구였을까? 어린 황제의 삼촌이었던 도르곤이었다. 도르곤은 강화도 점령 작전과 소현세자의 심양 호송에 등장했던 인물이었다. 바로 그 도르곤이 섭정의 지위에 올랐고, 소현세자의 귀국까지 기획했던 것이다.

도르곤이 소현세자의 귀국을 추진한 이유는 무엇일까? 조선과 여러모로 인연이 깊었기 때문에 선심을 쓴 것일까? 이와 관련하여 흥미로운 기사가 하나 남아 있다.

구왕(=도르곤)이 종전에는 자주 무시하는 기색을 띠면서 서로 마주치는 일이 있더라도 일절 대화를 걸지 않았다. 그런데 섭정이 된 이후부터는 매우 극진하게 대우할 뿐만 아니라 궁궐에서 마주치면 반드시 다정하게 담소를 건넨다. 또 비밀스럽게 준마 1필을 주며 말하길 '세자가 탄 말이 날래지 않은 듯하여 이 말을 보냅니다'라 했다(《승정원일기》 86책, 인조 21년 10월 16일 기사).

위 기록은 도르곤의 태도 변화에 대해 세자가 직접 증언한 것이다. 소현세자는 홍타이지가 생존해 있을 때는 도르곤이 자신을 무시했다고 밝혔다. 도르곤이 조선이나 소현세자에게 호의적인 인물이 아니었음을 짐작할 수 있는 언급이다. 그런데 섭정이 된후 태도가 일변해 소현세자에게 준마까지 선물했다. 도르곤의 이같은 태도 변화에는 조선을 정치적으로 활용하겠다는 의도가 숨어 있었다. 소현세자의 2차 귀국 역시 조선의 왕위 계승권자와 사적인 유대관계를 형성하려는 복안에 따른 것이었다.

소현세자의 2차 귀국은 조선의 이탈을 방지하기 위해 도입된 인질 문제가 정치적으로 오염되기 시작했음을 보여준다. 도르곤은 인질들에게 관용을 베풀어서 조선 내에 '친도르곤' 세력을 조성하려 했고, 인조는 소현세자에게 위협감을 느끼기 시작했다. 소현세자는 아무 일도 하지 않았지만 상황은 점차 악화되기 시작했다.

관계 악화와 일탈의 시작

조선의 세자이자 청의 인질로서 심양에 머물러야 했던 소현세자는 막중한 책임감을 느꼈을 것이다. 책임감은 소현세자 스스로의 처신을 단속하는 방향으로 작용했을 것이다. 하지만 인간인 이상 한결같은 태도를 유지하기는 쉽지 않다. 더구나 심양에서의 인질 생활은 기한이 정해져 있지 않았다. 기약 없는 시간이 흘러갈수록 소현세자의 몸과 마음은 지쳐갔고, 책임감보다 절망감의 무게가 커졌을 것이다.

상황을 악화시킨 결정적 계기는 아이러니하게도 1640년 이루어졌던 '1차 귀국'이었다. 3년 만에 고국을 방문하여 재충전을 했는데 상황이 악화되었다니, 무슨 말인가. 소현세자 입장에서 한번 생각해보자. 조선에 귀국할 당시 소현세자가 얼마나 설렜을지는 굳이 자세히 말하지 않아도 될 것이다. 아마도 출발 며칠 전부터 잠도 못 이루며 아버지와 재회하는 날을 기대하지 않았을까? 그런데 소현세자가 한 가지 몰랐던 것이 있다. 청에서 인조의 국왕 지위를 소현세자로 대체하려 한다는 첩보가 조선에 접수되었다는 사실이었다.

이성구가 말했다.

"저번에 뜻을 굽히고 치욕을 참으면서 원수가 시키는 대로 했던 것은 다만 동궁東宮이 만에 하나라도 돌아오기를 바라서였

습니다. 이제 이미 가망이 없으니, 우리 국가라도 보호해야
되지 않겠습니까?"

홍서봉洪瑞鳳이 말했다.

"이성구의 말이 참으로 옳습니다. 만약 의외의 변고가 주상께
생긴다면 지혜로운 사람도 어쩔 수 없을 것입니다. 고려 충혜
왕忠惠王의 일을 경계로 삼아야 합니다."

박황朴潢이 말했다.

"신이 심양에 있을 때에 어떤 사람이 범문정范文程의 말을 은
밀히 전해주길, '남한산성에서 나올 때에 아들(=소현세자)로 임
금을 바꾸지 않은 것을 후회한다'고 했는데 참으로 망측한 말
입니다"(《인조실록》 권39, 인조 17년 7월 14일 기사).

이 인용문은 1639년 조선 조정에서 이루어졌던 회의 모습이
다. 조선의 불충을 의심하던 청에서 인조의 입조入朝*를 요구할
것이라는 예측이 나오자 대책을 논의하는 장면이다. 이성구는 그
동안 소현세자가 돌아올 수 있다는 기대 때문에 이런저런 청의 요
구를 수용했지만 이제 그럴 기미가 없으니 조선이라도 지켜야 한
다는 의견을 개진했다. 홍서봉 역시 이성구의 말에 동조하면서
저들의 요구를 자꾸 수용하게 될 경우 충혜왕의 전례를 피해 가지

---

* 인조가 직접 청에 들어가 조회에 참석하는 일.

소현세자는 말이 없다 ──●

못할 것이라고 경고했다. 충혜왕은 상국인 원나라에 의해 압송되어 유배를 가던 중 사망한 고려의 국왕으로, 인조가 심양에 직접 입조를 하게 될 경우 비슷한 상황이 펼쳐질 수 있다고 우려를 표한 것이다.

박황의 발언은 더욱 의미심장하다. 박황은 심양관에서 소현세자를 보필하다가 귀국했는데, 청에서 소현세자로 왕위를 교체하지 않은 것을 후회하는 여론이 존재한다고 증언했다. 사실 청에서 정말 인조의 왕위 교체를 염두에 두었는지 여부는 확인되지 않는다. 또 그런 의견이 있었다 하더라도 얼마나 구체적으로 논의되었는지도 알 수 없다. 하지만 이 말은 인조에게 섬뜩하게 느껴졌을 것이다. 원 황제에 의해 고려 국왕이 교체된 사례가 다수 존재했기 때문이다. 실제로 조선-청 관계는 고려-원 관계처럼 전쟁이라는 폭력적인 방식을 통해 맺어졌다는 점에서 유사성을 띠고 있다. 게다가 홍타이지는 조선을 압박할 때마다 고려-원 관계의 전사前史를 자주 언급하기도 했다. 따라서 박황의 증언은 인조에게 실체가 있는 위협으로 여겨졌을 것이다.

청에서 정말 조선의 왕위 교체에 대해 진지하게 고민했다 하더라도 이는 소현세자의 책임이 아니다. 소현세자가 로비라도 펼쳐 왕위를 도모하지 않았다면 말이다. 효를 강조하는 조선의 상황을 고려하면 소현세자가 그러한 시도를 했을 가능성은 없다고 봐도 무방하다. 그러나 사람의 마음이란 그리 단순하지 않다. 소현세자가 연루되어 있지 않다는 걸 알더라도 서운한 마음이 들 수 있다. 더구나 실시간으로 소통할 수 있는 환경이 아니었기에 불안은 상상력을 자극했을 것이다.

다시 귀국 문제로 돌아가 보자. 1640년 3월 7일 한양에 도착한 소현세자는 채 한 달이 못 되는 시간을 머문 후 4월 2일 다시 심양으로 떠났다. 한양에 도착한 소현세자는 곧바로 아버지 인조와 만나 눈물의 재회를 했다. 인조는 "다시 볼 수 없을 줄 알았다"며 아들의 귀환에 감격했다. 흥미롭게도 이 만남 이후 한양을 떠날 때까지 인조와 소현세자의 대면은 어떠한 기록에서도 확인할 수 없다. 물론 기록의 누락일 수 있다. 아들이 아버지를 만나는 것은 너무나 일상적인 일이니까 굳이 기록을 남겨놓을 필요가 없었을지도 모른다. 하지만 적어도 심양으로 다시 떠나기 전 작별 장면은 상세히 기록할 만하다. 하지만 《인조실록》에는 "세자가 청나라로 돌아갔다"는 짧은 구절만 남아 있고, 《심양일기》에는 "창경궁 명정전 아래에서 숙배肅拜하고 출발했다"는 기록만 남아 있다. 아마도 인조가 소현세자의 작별인사를 받았을 것으로 생각되지만 무미건조한 기록임에는 틀림없다. 1637년 소현세자가 처음 심양으로 떠날 때 인조가 창릉까지 배웅했던 장면과 비교하면 천양지차라 할 수 있다.

기록의 생략일 수도 있지만 실제로 인조와 소현세자는 거의 만나지 않았던 것으로 보인다. 3월 21일 소현세자를 호위하기 위해 동행했던 청의 관리 오목토[*]가 돌아가기 전에 인조를 찾아뵙길 원한다는 의사를 세자에게 전했다. 그러자 소현세자는 "떠나기 전에 나도 마땅히 한 번은 대전大殿(=인조)을 뵙고자 했다. 25일이나 26일 즈음에 함께 만날 수 있도록 해보겠다"고 답했다. 소현세자의 대답은 그가 인조와 일상적으로 대면하지는 않았음을 알려 준다. 소현세자가 추진했던 25~26일 사이의 대면도 기록상으로는 확인되지 않는다.

아마도 소현세자는 자신이 귀국하게 된다면 아버지의 사랑과 고국의 정취를 느끼며 일종의 힐링을 할 것이라고 기대했을 것이다. 하지만 현실은 그렇지 않았다. 인조는 분명히 선을 그었다. 아버지 인조의 기대감, 세자로서의 책임감이 소현세자가 고달픈 인질 생활을 견딜 수 있게 해준 힘의 원천이었겠지만 한양에서 모든 것이 사라져버렸다.

물론 소현세자는 자신이 느낀 실망감을 직접 표현하지 않았다. 하지만 소현세자의 모든 행동이 변했다. 일종의 일탈이 시작된 것이다. 한 나라의 세자가 일탈한다면 어떠한 방식일까? 당연히 세자로서의 직무를 게을리하는 것으로 시작할 것이다. 세자의 주된 일상이 문안과 공부임은 앞에서 언급한 바 있다. 문안의 경우 조선에서 절대적 가치를 가지고 있는 '효'와 연관된 문제이므로 등한시할

---

* 조선 측 사료에는 주로 오목도梧木都라는 이름으로 등장한다.

수 없다. 하지만 공부의 경우는 다르다. 공부를 못하거나 소홀히 하는 것이 세자의 지위를 잃을 정도의 결격사유는 아니었다.

세자의 공부는 서연을 통해 이루어진다. 그런데 소현세자가 심양에서 서연을 행한 횟수는 1637년부터 50회→21회→18회→8회 →12회→10회→5회로 점점 줄어든다. 대체로 시간이 흐를수록 서연의 횟수가 감소하는 모습이지만 그중에서도 1640년의 사례는 눈에 띈다. 1640년 소현세자가 서연을 개최한 횟수는 단 8차례로, 월 1회도 채 되지 않는다. 이후로도 서연의 횟수는 평균 월 1회를 넘지 않는다. 소현세자의 불성실함은 시강원의 관원에게도 곧장 포착되었다.

신이 엎드려 살펴보건대 저하(=소현세자)께서는 자질이 순수하고 아름다우시며 도량이 너그럽고 크십니다. …… 다만 강학의 공부가 지극하지 않고 마음을 다스리는 법이 정밀하지 않으십니다. …… 엎드려 원하옵건대 저하께서는 자주 시강원의 관원들을 불러서 경전과 사서를 강론하시옵소서. 아니면 여러 신하에게 명령을 내리셔서 이해가 어려운 부분을 논의하게 하고 저하께서는 편안히 앉아 일상복을 입으시고 등받이 방석에 몸을 기대고 들으십시오. 밤기운이 청명할 즈음에는 반드시 낮에 강론한 것을 자세히 생각하고 상세하게 음미하신 후에 이해가 되지 않는 부분은 다음날 다시 연구하십시오. …… 한배를 탄 신료들도 열흘이 지나도록 저하를 뵙지 못할 때가 있으니 신은 남몰래 슬프게 생각합니다. …… 예로부터 성인과 군자는 곤란한 일을 당했다고 학문을 폐하지 않았습니다. 엎드려 원하옵건대 저하께서 방 안에 홀로 거처하며 침울하고 무료하게 지내지 마시옵소서(《심양일기》 이사貳師 김신국金藎國 상서上書 10월 5일).

심양관에서 소현세자를 모시던 김신국은 병이 위중해지자 1640년 말 본국으로 돌아오게 되었다. 위의 글은 김신국이 길을 나서기 전에 충심을 담아 소현세자에게 올린 상서이다. 상서에 따르면 소현세자는 방 안에 틀어박혀 공부는 물론 신하들과의 대면도 피하는 상황이었다. 소현세자의 이러한 태도는 당장 여러 업무를 처리해야 하는 심양관의 입장에서도 문제였지만, 조선의 미래를 위해서도 바람직한 상황은 아니었다. 그렇기 때문에 김신국은 쓴소리를 아끼지 않았다.

소현세자는 김신국의 간언에 앞으로 경계하며 살겠다고 다짐했지만 이 약속은 잘 지켜지지 않았던 것으로 보인다. 여전히 서연을 시행하지 않았을 뿐만 아니라 잦은 토목공사로 세자시강원 관원들과 마찰을 빚는 모습까지 연출했기 때문이다. 심양관은 청에서 인질 생활용으로 제공한 관사라 아무래도 세자를 비롯한 고위 관료들의 기준에서는 불편할 수밖에 없었다. 소현세자는 이러한 불편함을 해소하기 위해 여러 차례 공사를 진행했는데, 세자시강원 관원들은 잦은 공사에 불편한 감정을 숨기지 않았다. 인질 생활 중임에도 일신의 편안함을 도모하니 소현세자의 행동이 곱게 보일 리 없었던 것이다. 흥미롭게도 소현세자가 토목공사를 진행한 것은 1차 귀국 이후의 일로, 이러한 시도는 1643년까지 확인된다.

한편 2차 귀국에서도 문제가 발생한다. 소현세자는 1644년 1월 20일부터 2월 19일까지 약 한 달 동안 한양에 머물렀다. 이때도 인조와 소현세자가 각별한 감정을 나누는 장면은 포착되지 않는다. 1차 귀국 때와 마찬가지로 한양에 도착한 날과 떠나는 날 인사를 올렸다는 기사를 제외하면 두 사람이 한자리에 있는 모습이 확인되지 않는다. 이 역시 기록의 누락일 수 있지만 그런 점을 감안하더라도 소현세자의 마음이 편안하지는 않았던 것으로 추정된다.

진짜 문제는 귀국 길에 발생했다. 소현세자가 심양으로 돌아가는 길목에 위치한 평양에서 유생들과 무인들을 모아놓고 과거를 실시한 것이다.

평양에 사는 진사 김연 등 13인이 연명으로 상소를 올렸다.
"봄에 왕세자가 심양으로 돌아갈 때 평양에 수레를 멈추고서 유생들에게는 글짓기를 시험하고, 무인들에게는 활쏘기를 시험하여 합격한 자가 꽤 많았으니, 분조 때의 관례에 따라 그들에게 급제를 내려줄 것을 허락하소서."
승정원이 이 상소를 돌려보냈다. 일찍이 세자가 심양으로 돌아갈 때, 평양을 지나는 길에 문무의 제생들이 길옆에 나와 맞이하는 것을 보고는 이사 이명한李明漢, 문학文學 이래李秾로 하여금 선비들을 시험하게 하고, 세자는 친히 무재들의 활쏘기를 시험했었다. 이때 이명한이 '백마를 타고 주나라에 조회하다'라는 주제어를 내자, 세자가 '월나라 새는 남쪽 가지에 둥우리를 튼다'라는 주제어로 고쳤으니, 이는 세자가 고국을 떠나 타국으로 가는 것을 스스로 가슴 아프게 여긴 것이었다. 승정원의 여러 신하들은 임금의 명령도 없이 이런 행사를 치른 것이 상의 마음에 거슬릴까 염려했기 때문에 상소를 물리치고 받지 않은 것이다(《인조실록》 권45, 인조 22년 8월 29일).

소현세자가 시행한 과거는 인조의 의사와는 무관한 것이었다. 당시 합격생들의 증언에서도 알 수 있듯 소현세자는 정묘호란 당시 분조에서 치렀던 과거의 경험을 활용한 것으로 보인다. 승정원에서는 타향에서 인질 생활을 수행해야 했던 세자의 마음을 헤아려 변호하는 한편, 이 과거가 월권에 해당한다는 점을 지적하며 합격생들이 올린 상소를 돌려보냈다.

소현세자는 무슨 생각으로 과거를 연 것일까? 과거를 통해 자신의 권위를 확인하고 싶은 마음은 아니었을까? 이를 통해 한양의 궁궐에서 느꼈던 소외감 내지 박탈감을 치유하려 했던 것일까? 하지만 승정원의 지적처럼 소현세자의 행동은 월권에 해당했고, 인조와 소현세자의 거리를 조금 더 멀어지게 했을 것이다. 청의 정치적 압박이 국왕과 세자의 관계를 어색하게 만들고, 어색

한 관계가 정치적 실책으로 이어지면서 관계가 더욱 악화되는 악
순환이 반복되었다.

중국 정복과 영구 귀국

1644년 동아시아가 대격변에 휩싸인다. 우선 명이 내부에서 붕괴
했다. 명은 청과의 전쟁에서 고전을 면치 못했지만 그것은 어디
까지나 만리장성 바깥에서의 상황이었다. 청의 막강한 군사력으
로도 만리장성은 돌파할 수 없었고, 청의 중국 정복은 요원한 일
처럼 보였다. 그런데 1620년대부터 시작된 대기근으로 대규모의
농민 반란이 명 내부에서 일어나기 시작했다. 명에서는 농민군을
제압하기 위해 노력을 기울였지만 한 가지 문제가 있었다. 바로
외부의 적인 청도 동시에 방어해야 한다는 것이었다. 결과적으로
농민군을 제압하는 데 온 힘을 집중할 수 없었고, 그중 이자성의
농민군이 성쇠를 거듭하다 1644년 북경을 점령하는 데 성공한다.
이로써 1368년 건국된 명은 277년 만에 멸망하고 말았다.

　바통을 이어받은 것은 청이었다. 이자성의 농민군이 북경을 점
령하자 만리장성의 산해관山海關을 수비하던 오삼계吳三桂는 당황
할 수밖에 없었다. 지켜야 할 조국은 사라져버렸고, 농민군은 명
의 잔존세력을 제거하기 위해 산해관으로 진격해왔다. 또 산해관
바깥에서는 청군이 명의 위기를 틈타 출병했다. 앞뒤로 적에게

[그림 18] 산해관

만리장성의 동쪽 관문으로 '천하제일관天下第一關'이라는 현판이 걸려 있다. 이름처럼 산해관은 난공불락의 요새였기 때문에 청나라 역시 산해관을 우회하여 북경을 압박하는 전략을 구사했다. 1644년 도르곤이 출정할 당시에도 처음에는 산해관을 우회하는 루트를 선택하려 했으나 오삼계의 투항으로 인해 진로를 바꾸었다.

둘러싸인 오삼계에게 결단이 필요한 순간이 닥쳐왔다. 그의 선택은 청이었다. 오삼계는 산해관 문을 열어 청군을 이끄는 도르곤에게 항복했고, 청군은 피 한 방울 안 흘리고 만리장성을 통과했다. 도르곤이 이끄는 청군과 오삼계의 병력은 이자성의 군사와 맞서 싸워 대승을 거두었다. 도르곤이 이끄는 청군은 파죽지세로 진격하여 5월 2일 북경까지 점령했다. 중국의 주인이 명에서 이자성의 농민군으로, 그리고 다시 청으로 바뀌는 순간이었다.

소현세자는 이 모든 역사적 현장을 직접 목격했다. 도르곤이 전쟁에 소현세자의 동참을 명령했기 때문이다. 소현세자는 조선이 그토록 의지했던 명이 붕괴하는 장면을 지켜봐야 했다. 아쉽게도 당시 소현세자의 심정을 전해주는 기록은 남아 있지 않다. 당시 소현세자의 행적을 기록한 유일한 자료인 《심양일기》에는 전쟁의 참담함만 기록되어 있을 뿐, 명·청 교체와 관련한 어떠한 소회도 담겨 있지 않다. 북경으로 입성하는 날 영락제의 후예로 보이는 인물이 청인에게 붙잡혀 북경 사람들이 눈물을 흘렸다는 묘사를 통해 간접적으로 슬픔을 드러냈을 뿐이었다.

북경 점령 이후 도르곤과 소현세자의 관계는 어떠했을까? 도르곤의 군대가 북경을 점령할 당시 황제는 심양에 남아 있었다. 따라서 도르곤이 전후의 모든 상황을 통제하고 있었다. 도르곤은 소현세자를 문연각文淵閣 동쪽 관청 건물에 머물게 하고 날마다 문안 인사를 올리게 했다. 앞서 밝혔듯이 소현세자는 황제 홍타이지에게 한 달에 세 번 조참이라는 명목으로 문안 인사를 올렸

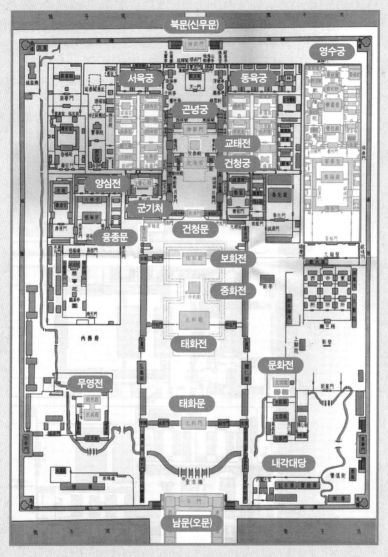

[그림 19] 자금성 배치도

북경 점령 이후 소현세자가 처음 머물렀던 곳은 지도 우측 하단 문화전의
동북쪽 관청 건물로 추정된다. 소현세자는 이곳에 머물면서 지도 좌측 하단의
무영전에서 날마다 도르곤에게 문안인사를 올렸다.

121

다. 그런데 황제도 아닌 섭정왕 도르곤에게 매일 문안을 올리게 된 것이다. 도르곤의 위세를 확인할 수 있는 한편, 조선의 차기 왕위 계승권자인 소현세자를 자신의 영향력 아래 두려는 도르곤의 의도도 엿볼 수 있는 대목이다.

소현세자가 북경에 머문 기간은 그리 길지 않았다. 5월 24일 소현세자는 북경을 떠나 심양으로 돌아갔다. 청은 북경 천도를 단행했다. 9월 19일 황제 순치제가 북경에 입성했고, 10월 1일 북경 천도를 공식 선언했다. 소현세자 역시 순치제와 함께 북경에 도착했는데, 이번에도 북경 생활은 그리 오래 지속되지 않았다. 두 달 뒤인 11월 11일 도르곤이 소현세자의 영구 귀국을 허락했기 때문이다.

11월 11일 이른 아침 도르곤이 세자와 대군을 불러 잉굴다이 및 소닌 박시 등을 시켜 말을 전하였다. "북경을 얻기 이전에는 우리 두 나라가 서로 의심하여 꺼리는 마음이 있었지만 지금은 대사가 이미 정해졌으니 청과 조선이 성의와 신의를 가지고 서로 믿어야 한다. 또 세자는 조선의 왕세자로서 여기에 오래 있을 수 없으니 지금 본국으로 영원히 보낼 것이다."(《인조실록》 권45, 인조 22년 12월 4일)

도르곤은 명의 멸망과 청의 중국 정복으로 조선과 청 관계를 악화시키는 주요 변수가 제거되었기 때문에 소현세자의 영구 귀국을 허락한다고 밝혔다. 결국 이 조치로 인해 11월 20일 소현세자는 북경을 떠나 꿈에 그리던 조선으로 향했고, 1645년 2월 18일 한양에 도착했다. 마침내 인질 생활이 종료되었다.

참고로 도르곤의 영구 귀국 조치도 되새겨볼 필요가 있다. 당시 청은 북경을 차지하기는 했지만 중원에는 명을 멸망시켰던 이자성이 여전히 살아 있었고, 남경에는 명 황족의 일원이었던 주유숭朱由崧이 건립한 남명이 존재했다. 또한 몇 차례의 전란에 휩싸인 북경은 식량 부족에 직면해 있었고, 치발령薙髮令 등의 전후 조치로 인해 무장봉기가 잇따르기도 했다. 북경을 차지했으니 인질이 필요 없다는 도르곤의 자신만만한 발언은 역사적 현실과 동떨어져 있었다.

그렇다면 도르곤은 왜 소현세자를 돌려보냈을까? 크게 두 가지 이유로 추정해볼 수 있다. 먼저 북경을 안정시키기 위해 조선의 도움이 필요했다. 특히 식량 부족 문제가 심각했기 때문에 도르곤은 몇 차례에 걸쳐 식량 원조를 요청했고, 실제로 조선은 5,000석의 미곡을 이미 제공한 상황이었다. 하지만 여전히 식량은 부족했고, 도르곤은 소현세자의 영구 귀국 편에 10만 석의 곡식 원조를 다시 요청한다. 10만 석은 당시 조선에서 1년간 거둬들이는 전세 수입에 해당할 정도의 양이었기 때문에 선뜻 수락할 수 없었다. 도르곤 역시 이러한 상황을 모르지 않았기 때문에 조선에 우호적인 몇 가지 조치들을 취하게 되는데 그중 하나가 바로 소현세자의 영구 귀국이었다. 결국 소현세자의 영구 귀국은 식량 원조를 얻어내기 위한 협상 카드 중 하나였던 것이다.

또 하나의 문제도 생각해볼 수 있다. 앞서 도르곤은 북경 점령 직후 소현세자와 사실상 군신관계라 볼 수 있는 장면을 연출했다. 만일 섭정의 신분이었던 도르곤이 더 큰 꿈을 꾸고 있었고, 조선과의 관계 개선도 그러한 정치적 행보와 연관이 있다면 도르곤과 소현세자의 관계는 다르게 볼 여지가 생긴다. 도르곤의 입장에서 소현세자를 자신의 우익으로 만드는 데 성공했다면 소현세자는 굳이 북경에 남아 있을 필요가 없다. 하루가 다르게 성장해가는 어린 황제가 존재하는 북경보다 조선의 수도 한양에 있는 편이 도르곤 개인에게 유리하기 때문이다. 실제로 도르곤은 소현세자 일행의 귀국을 '황제의 은전'이 아닌 '자신의 노력'으로 포장했다. 병자호란의 결과로 시작되었던 인질 생활이 명·청 전쟁의 결과로 마무리되었지만 그 이면에는 많은 정치적 의도들이 개입하고 있었다.

고생 끝에 찾아온 죽음

한 나라의 세자가 인질 신세에서 벗어나 무사히 귀국했으니 이를 기념하는 연회가 매일 열려도 부족한 상황이었다. 하지만 소현세자는 병환에 시달렸다. 가장 축하받아야 할 시기에 병마와 싸워야 했다. 소현세자의 병세는 나아질 기미를 보이지 않았다. 수많은 어의가 동원되었지만 효과를 보지 못했다. 그런데 2월 26일 인조가 총애하는 침의鍼醫 이형익李馨益이 세자의 치료에 동원되면서 상황이 반전되기 시작했다. 소현세자의 증세가 눈에 띄게 호전되기 시작한 것이다. 3월 14일 소현세자는 치료를 중단할 수 있을 정도로 회복했다.

그렇게 모든 것이 정상으로 돌아오는 듯했다. 하지만 4월 21일 소현세자가 갑자기 오한 증세를 보이기 시작했다. 다행히 증세는 금세 가라앉았고, 별일 아닌 듯 여겨졌다. 그러나 이것이 섣부른 판단이었음이 밝혀지기까지는 오랜 시간이 걸리지 않았다. 4월 23일 다시 증세가 악화되기 시작했고, 앞서 소현세자를 완쾌시켰던 이형익이 재차 투입되었다. 이형익은 앞서와 같은 치료를 진행했지만 결과는 달랐다. 4월 26일 소현세자는 세상을 떠났다. 향년 34세였다.

조선 왕족의 일원이었던 소현세자는 1625년 조선, 1634년 명, 1639년 청에 의해 세 차례나 세자 책봉을 공인받으면서 훗날 조선의 왕위에 오를 것이라 기대되었다. 하지만 소현세자는 끝내 왕이 될 운명이 아니었다.

04

영웅이 되다

잊힌 존재

소현세자의 죽음은 조선 사회에 충격으로 다가왔을 것이다. 소현
세자는 패전의 대가로 인질 생활을 수행했다. 따라서 세자의 귀
환은 지난 치욕의 역사를 딛고 새로운 출발을 알리는 신호탄이었
다. 하지만 귀국 두 달 만에 30대 중반의 나이로 운명을 달리했으
니 많은 사람에게 무력감과 동시에 의구심을 선사했을 것이다.

　실제로 세자의 죽음을 둘러싸고 의심의 눈초리가 없었던 것은
아니다. 소현세자의 졸곡제卒哭祭에 대한《인조실록》의 기사 하단
에 소현세자가 독살되었다는 증언이 등장한 것이다.

　세자는 본국에 돌아온 지 얼마 안 되어 병을 얻었다. 병이 난
지 수일 만에 죽었는데 온몸이 전부 검은 빛이었고 이목구비

의 일곱 구멍에서는 모두 선혈이 흘러나왔다. 검은 헝겊으로 그 얼굴을 반쪽만 덮어 놓았으나, 곁에 있는 사람도 헝겊과 얼굴의 검은빛을 분간할 수 없었으니 마치 약물에 중독되어 죽은 사람과 같았다. 그런데 바깥사람들 중에서 이 사실을 아는 자가 없었고, 임금도 알지 못했다(《인조실록》 권46, 인조 23년 6월 27일 무인).

이 기사는 소현세자의 염습에 참여한 이세완李世完의 증언을 수록한 것이다. 기록에 따르면 세자의 시신은 독살된 이의 형상이었다고 한다. 하지만 《인조실록》의 이 기사를 제외하면 어디서도 세자의 죽음과 관련한 특별한 내용이 확인되지 않는다. 소현세자에 대한 다수의 추모 기록이 존재하지만 관행적 수준의 애도사에 불과했다.

소현세자 사후에 몇 가지 문제가 불거졌다. 우선 공석이 되어 버린 세자의 빈자리를 채우는 문제였다. 원손인 소현세자의 아들과 인조의 둘째 아들 봉림대군 중 누구를 후계로 할 것인지에 대해 인조와 신하들 사이에 갈등이 일어났던 것이다. 잘 알려진 바와 같이 인조의 의지로 봉림대군이 세자로 발탁되었고, 바로 이 봉림대군이 훗날 효종으로 즉위한다.

봉림대군을 세자로 책봉한 것은 적장자 계승의 원칙을 위배한 것이었기에 정당한 왕위 계승권을 박탈당한 원손에 대한 처리 문제가 뒤따를 수밖에 없었다. 앞에서 밝힌 바와 같이 소현세자의

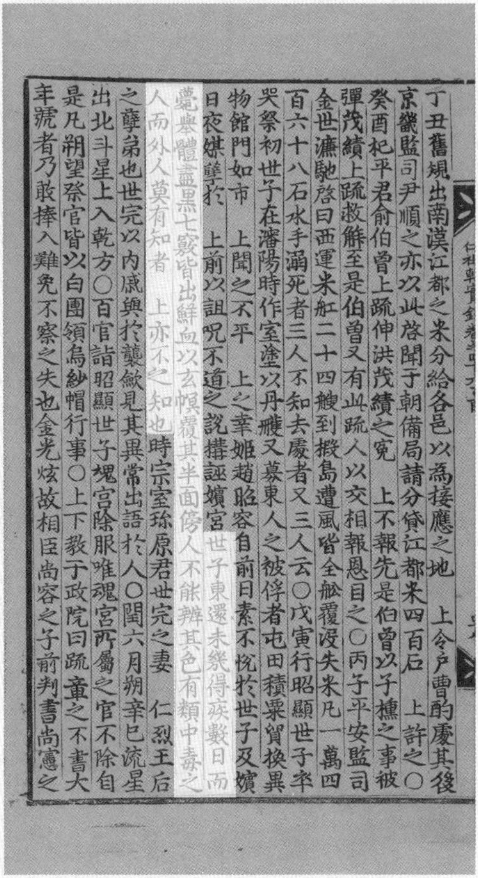

丁丑舊規出南漢江都之米分給各邑以爲接應之地 上令戶曹酌處其後
京畿監司尹順之亦以此啓聞于朝備局請分貸江都米四百石 上許之○
癸酉杞平君兪伯曾上疏伸洪茂績之寃 上不報先是伯曾以子樵之事被
彈茂績上疏救解至是伯曾又有此疏人以交相報恩目之○丙午平安監司
金世濂馳啓曰西運米舡二十四艘到椵島遭風皆全船覆沒失米凡一萬四
百六十八石水手溺死者三人不知去處者又三人云○戊寅行昭顯世子卒
哭祭初世子在瀋陽時作室塗以丹雘又募東人之被俘者屯田積粟貿換異
物館門如市 上聞之不平 上之幸姬趙昭容自前日素不悅於世子及嬪
日夜媒孽於 上前以詛呪不道之說構誣嬪宮世子東還未幾得疾數日而
薨擧體盡黑七竅皆出鮮血以玄幎覆其半面傍人不能辨其色有類中毒之
人而外人莫有知者 上亦不之知也時宗室珍原君世完之妻 仁烈王后
之孽弟也世完以內戚與於襲斂見其異常出語於人○閏六月朔辛巳流星
出北斗星上入乾方○百官詣昭顯世子魂宮除服唯魂宮所屬之官不除自
是凡朔望祭官皆以白團領烏紗帽行事○上下教于政院曰疏章之不書大
年號者乃敢捧入難免不察之失也金光炫故相臣尚容之子前判書尚憲之

[그림 20] 독살설 기사

소현세자가 독살되었을 가능성을 제기한 기사는

《인조실록》의 이 기사가 유일하다.

표시된 부분이 독살설과 관련된 내용이다.

* 출처: 국사편찬위원회 조선왕조실록

부인 강빈은 독살 사건에 휘말려 사사되었고 세 아들은 모두 유배되었다. 이러한 처사에 대한 반발도 존재했다. 결국 효종 7년(1656) 살아남은 셋째 아들 석견이 유배에서 풀려나고, 숙종 44년(1718) 강빈 역시 복위되면서 이 문제는 일단락을 맺게 된다.

이처럼 소현세자의 죽음으로 많은 문제가 파생되었다. 하지만 문제가 발생되고 해결되는 과정에서 정작 중요한 소현세자의 존재는 희미해져갔다. 역사적 격변기를 힘겹게 살아갔던 소현세자의 일생보다 소현세자를 둘러싼 정치적 역학관계가 상황을 장악한 것이다. 그렇게 소현세자의 죽음은 비교적 건조하게 받아들여졌고, 이러한 흐름은 20세기 초반까지 지속되었다.

서양 문물 수용의 상징으로 거듭나다

역사의 뒤안길에서 소외받던 소현세자가 다시 주목받기 시작한 시점은 일제강점기였다. 일본인 학자 이나바 이와키치稻葉岩吉가 《정교봉포正敎奉褒》라는 자료를 입수하여 소개했다. 《정교봉포》는 19세기 후반 강남 지역에서 활동하던 신부 황백록黃伯祿이 중국 천주교 역사를 정리한 서적이다. 이 책에는 놀랍게도 소현세자와 예수회 선교사 아담 샬의 교유가 기록되어 있었다.

순치 원년(1644) 조선 국왕 이종李倧*의 세자가 북경에 인질로 잡혀 와 있다가 탕약망湯若望**의 명성을 듣고 시시때때로 천주당을 방문하여 천문 등의 학문에 대해 물었다. 탕약망 또한 누차 세자의 관사를 방문하여 오랫동안 담소를 나누었으니 두 사람이 의기투합했다. 탕약망이 자주 천주교가 올바른 도라는 것을 강론했는데 세자가 매우 기쁘게 들으며 상세히 질문하곤 했다. 세자가 본국으로 돌아갈 때 탕약망이 한문으로 번역한 천문·산학·성교 정도에 관한 서적 여러 종과 여지구輿地球 1개, 천주상 1폭을 선물했다. 세자가 정중히 받고 손수 사례하는 서한을 보냈다(《정교봉포》 권1, 순치 원년).

《정교봉포》의 소현세자 관련 내용을 정리하면 다음과 같다. 소현세자는 북경에서 아담 샬과 교유를 맺고 서양 종교, 즉 그리스도교에 호감을 가지게 되었다. 또한 세자가 조선으로 영구 귀국하게 되자 아담 샬은 손수 서양 학문에 관한 서적들과 지구의, 천주상 등을 선물했다.

소현세자와 아담 샬의 교유는 이전까지는 전혀 알려지지 않았다. 조선 측 기록 어디에서도 찾아볼 수 없었기 때문이다. 《정교봉포》는 소현세자를 바라볼 수 있는 새로운 관점을 제공해주었

---

* 인조의 이름.
** 아담 샬의 중국 이름.

다. 하지만 문제가 하나 있었다. 《정교봉포》는 1894년 간행되었는데 이는 소현세자와 아담 샬의 만남으로부터 250년 후의 일이었다. 따라서 황백록도 무언가를 통해 이 정보를 획득했을 텐데 정보의 출처가 밝혀져 있지 않았다. 근거가 부족한 단편적인 기록에 불과했던 것이다. 이나바가 해당 자료를 입수한 과정에 대해 이능화李能和의 《조선기독교급외교사朝鮮基督教及外交史》에 소개된 바 있는데, 이능화는 아담 샬과의 교유 대상을 소현세자가 아닌 효종으로 비정하기도 했다.

소현세자와 아담 샬의 교유에 생명력을 불어넣은 것은 야마구치 마사유키山口正之였다. 야마구치 마사유키는 경성제국대학 사학과를 졸업했는데, 재학 중이던 1928년 여름 도서관에서 아담 샬의 회고록 《중국전례보고서Historica Relatio》라는 책을 발견했다. 이 책은 라틴어로 간행되었기 때문에 야마구치는 서울 주교 뮈텔의 도움을 받아 소현세자와 아담 샬의 교유에 관한 부분을 번역하여 발표했다. 이 연구는 1931년 〈소현세자와 탕약망昭顯世子と湯若望〉이라는 제목으로 제출되었는데, 《정교봉포》보다 상세한 내용을 담고 있었다. 야마구치의 연구에서 전하는 《중국전례보고서》의 주요 내용은 다음과 같다.

1. 아담 샬은 만주족에 의해 사로잡힌 조선의 왕과 교유했다고 밝혔는데, 조선의 왕은 바로 소현세자이다.

2. 소현세자가 역학曆學[*]을 익히기 위해 역관曆官과 함께 아담 샬을 방문했다. 아담 샬은 역학뿐만 아니라 여러 서학서 및 천주상을 선물했지만 정치적 부담을 느낀 소현세자가 반환했다.

3. 소현세자가 선물을 거절하자 아담 샬은 세례받은 환관의 대동을 요청했고, 소현세자는 이를 수락했을 뿐만 아니라 전도사의 파견을 요청했다.

《정교봉포》와 비교했을 때 아담 샬의 선물을 수령했는지 여부를 두고 차이가 존재하지만 전반적으로 비슷한 내용으로 구성되어 있다. 《중국전례보고서》가 중요한 이유는 바로 아담 샬이 직접 저술한 기록이라는 점이다. 사건의 당사자가 직접 남긴 기록이라는 점에서 《정교봉포》와는 비교할 수 없는 신뢰도를 얻게 된 것이다.

야마구치는 이러한 내용을 종합하여 다음과 같은 평가를 내렸다.

세자는 기독교에 몰입하여 신앙심이 견고한 신도가 되었을 뿐 아니라 조선 국내에 기독교를 전파하려 했다. 세자가 서양 선교사 탕약망과 친교를 맺고 서양과학 및 기독교에 대해 이상의 태도를 취했다는 것은 조선 역사상의 대사건이었으며,

---

* 천체의 운동을 관측하여 책력(일 년 동안의 월일, 해와 달의 운행, 월식과 일식, 절기, 특별한 기상 변동 따위를 날의 순서에 따라 적은 책)을 연구하는 학문.

HISTORICA RELATIO
DE
ORTU ET
PROGRESSU FI-
DEI ORTHODOXÆ
In
Regno Chinensi
Per
Missionarios SOCIETATIS JESU
Ab
Anno 1581. usque ad Annum 1669.
Novissimè collecta
Ex Literis eorundem Patrum Societatis Jesu
Præcipuè
R. P. JOANNIS ADAMI SCHALL
Coloniensis
Ex eadem Societate.
Editio altera, & aucta, Geographicâ Regni
Chinensis descriptione; Compendiosâ Narra-
tione de StatuMissionisChinensis; Prodi-
giis, quæ in ultima Persecutione con-
tigerunt; & Indice.
Cum Facultate Superiorum.
Sumptibus JOAN. CONRADI EMMRICH
Civis & Bibliopolæ
RATISBONÆ Typis AUGUSTI Hanckwig/
ANNO M. DC. LXXII.

[그림 21] 《중국전례보고서Historica Relatio》

《중국전례보고서》는 사실 정확한 제목이 아니다. 정식 제목은 *Historica relatio de ortu et progressu fidei orthodoxae in regno Chinensi per missionarios Societatis Jesu ab anno 1581 usque ad annum 1669*이다. 이 책은 출판과 보급 비용을 후원한 신성로마제국의 황제였던 오스트리아의 레오폴트 1세에게 헌정되었다.

* 출처: Reiss & Sohn(https://www.reiss-sohn.de/en/lots/9454-A219-1096/)

사회와 국가에 획기적인 영향력을 미칠 일이었다. 하지만 소현세자의 요절로 인해 우연이 낳은 서양문화의 씨앗은 반도 위에 싹도 틔워보지 못했고, 어떠한 역사적 발전도 이룩하지 못한 채 모두 사라져버렸다(야마구치 마사유키山口正之, 〈昭顯世子と湯若望〉, 《青丘學叢》 5, 1931).

야마구치의 연구를 통해 소현세자는 역사의 조연에서 벗어나 서양문화 수용의 상징으로 거듭날 수 있었다. 심지어 조선 사회를 획기적으로 바꿀 가능성을 가졌던 존재로 부각되었다. 부활의 서막이 열렸다.

죽음에 관하여

야마구치의 평가처럼 정말 소현세자가 무한한 가능성을 가진 존재였다면, 그의 죽음이 더욱 안타깝게 느껴질 수밖에 없다. 만약 소현세자가 요절하지 않았다면, 몇 년 만이라도 국왕이 되어 통치할 수 있었다면, 그가 다스리는 조선의 모습은 어떠했을까? 이런 궁금증이 뒤따르는 것은 어떻게 보면 당연한 일이다.

여기서 한 걸음 더 나아가보자. 소현세자는 34세의 나이로 요절했다. 수많은 고초를 겪긴 했지만 최고의 의료 서비스를 받을 수 있는 세자의 신분이었다는 점을 고려했을 때 의아함이 없을 수 없다. 더구나 소현세자는 모든 고초를 이겨내고 조선으로 귀국한 후에 사망했다. 육체적으로나 정신적으로나 안정을 취할 수 있는 환경에서 도리어 급사한 것이다. 이 죽음에는 어떠한 문제도 개입되어 있지 않은 것일까?

이러한 의문을 학문적으로 발전시킨 연구가 등장했다. 1964년 김용덕이 발표한 〈소현세자연구〉가 바로 그것이다. 해당 연구의 주요 내용은 다음과 같다.

1. 소현세자는 심양관에서 외교 활동을 펼치며 영향력을 확대해나갔다. 이러한 과정을 통해 소현세자의 지위는 국왕 대리의 수준으로 격상되었다.
2. 소현세자는 아담 샬과의 교유를 통해 서양과학에 대한 수준 높은 이해를 소유하게 되었다.
3. 소현세자의 친청적인 행보와 강빈의 축재 행위, 그리고 왕권에 대한 위협 등으로 인하여 인조와 소현세자 사이의 갈등이 심화되었으며, 이로 인해 소현세자가 독살되었다.

김용덕은 우선 외교관으로서 소현세자의 역할에 주목했다. 8년간의 인질 생활을 외교 활동으로 재평가함으로써 소현세자의 역할을 능동적으로 바꾸어놓은 것이다. 또 야마구치의 선행 연구를 수용하여 서양문명의 수용 가능성도 인정했다.

하지만 김용덕의 연구가 주목되는 이유는 따로 있었다. '독살설'을 최초로 제기한 연구라는 점이다. 그는 인조와 소현세자의 갈등을 명분론과 현실주의의 대립으로 해석했고, 갈등이 독살이라는 비극을 불러일으켰다고 주장했다. 나아가 "서구 과학과 천주교에 대해서 비상한 호의와 관심을 가졌던 소현세자가 즉위했다면 자주적 근대화의 가능성이 존재했다"고 평가하며 다시 한번 소현세자의 가치를 높이 평가했다.

독살설은 소현세자의 죽음에서 발생하는 원초적인 의문들, 예컨대 세자는 왜 요절했을까, 세자는 왜 조선에 도착한 지 두 달 만에 사망했을까에 대한 명쾌한 해답을 제공한다. 더구나 《인조실록》에 수록된 증언은 독살설에 객관성을 부여했다. 이에 따라 소현세자의 사인死因은 병사에서 계획된 타살로 바뀌었고, 조선은 세자 한 명을 잃은 것이 아니라 무한한 가능성을 상실한 것으로 인식되었다.

소현세자 서사의 완성

소현세자가 왕위에 오르지 못했기 때문에 어떠한 역사적 가정도 부질없다고 여겨졌던 것일까? 1964년 김용덕의 연구 이후 간헐적으로 소현세자와 관련한 새로운 이야기들이 등장했지만 관심은 쉽사리 커지지 않았다. 1998년 한 역사 작가는 자신의 글 서두에서 소현세자를 '잊힌 인물'이라고 평가하기도 했다.

이러한 상황은 21세기에 접어들면서 반전되었다. 소현세자 관련 몇몇 저작들과 미디어의 조명이 관심을 견인하고 수많은 역사학자가 후속 연구로 호응하기 시작한 것이다. 이를 통해 소현세자와 관련한 연구는 질적·양적으로 풍부해졌다. 21세기 들어 전개된 소현세자 연구를 정의하면 '소현세자 서사의 완성'이라고 할 수 있다. 이전까지의 소현세자 연구가 '아담 샬', '서양 문명', '독살설' 등 한정적인 키워드를 중심으로 이루어졌다면, 이후의 연구는 기존 연구들에서 다루지 않았던 사각지대를 철저히 조명하여 하나의 거대한 서사로 엮어낸 것이다. 이렇게 완성된 소현세자 서사를 정리하면 다음과 같다.

1. 소현세자는 외교관 역할을 수행하며 청과 조선을 중재하고, 청의 실력자들과 교분을 쌓았다.
2. 소현세자는 조선인 포로(노예)를 속환(구출)하고, 이들을 활용하여 농장을 성공적으로 운영하며 부를 축적하는 등 경영가로서의 능력을 선보였다.
3. 소현세자는 명·청 교체를 목도하며 현실주의자의 안목을 지니기 시작했다.
4. 소현세자는 북경에서 아담 샬과의 만남을 통해 천주교에 관심을 가지고(혹은 수용하고), 서양문명의 우수성을 인식했다.
5. 소현세자의 급진성(개방성)은 인조의 시기를 불러왔고, 이로 인해 비극적인 죽음을 맞이했다(당했다).

소현세자 서사는 '인질 소현세자'의 모습을 첨단의 서양 문물을 수용하고자 했던 선구자이자 정체된 조선을 깨울 현실주의자, 전쟁 포로들을 구출한 노예 해방가, 농장 경영을 성공적으로 수행한 경영가로 변화시키는 데 성공했다. 가장 눈에 띄는 대목 중 하나는 소현세자가 패전에 대한 대가로 인질 생활을 수행하면서도 전쟁의 참화를 온몸으로 겪고 있는 또 다른 피해자, 즉 조선인 전쟁 포로들을 적극적으로 구출하는 장면이다. 이러한 모습은 패전의 책임을 뒤집어쓴 인조와 극적으로 대비되었다.

구출한 전쟁 포로를 활용하여 농장을 성공적으로 경영하거나 명·청 교체를 바라보면서 현실주의적 안목을 갖게 되는 모습도 중요한 포인트다. 심양에서의 인질 생활은 차기 국왕으로서의 자질을 준비하는 수련의 장으로 탈바꿈했고, 소현세자는 이를 성공적으로 수행했다. 이제 소현세자는 국가라는 거대한 조직을 이끌어나갈 리더십을 갖춘 인재로 변모했다.

소현세자가 왕이 되었다면?

2024년 현재, 전 세계는 각종 매체에서 제작되는 콘텐츠의 홍수에 빠져 살고 있다. 역사적 인물이나 사건들 역시 콘텐츠의 훌륭한 소재로 사용된다. 이러한 콘텐츠의 장점 중 하나는 상상력에 제한을 두지 않는다는 점이다. 예컨대 '소현세자가 왕이 되었다면 조선은 어떻게 변화했을까'와 같은 과감한 질문을 던지고 나름의 답변을 제시하기도 한다.

두 대한의 역사는 소현세자부터 달라졌더군. 자네의 세계에서는 일찍이 돌아가셨고, 내 세계에서는 영종으로 역사에 남으셨어. 호란을 막아냈거든. 그 이후부터 두 세계의 역사는 조금씩 다르게 흘러서 여기까지 오게 된 거야(〈더 킹 : 영원의 군주〉 2화 중).

2020년 SBS에서 방영된 드라마 〈더 킹: 영원의 군주〉의 주인공 이곤은 현대 한국의 평행세계에 살고 있는 인물이다. 이곤이 살고 있는 세계에서 조선은 근대화에 성공했다. 우연히 현대 한국의 세계로 넘어온 이곤은 어디서부터 조선의 역사가 달라지게 되었는지 의문을 가졌다. 그 결과 소현세자로부터 양국의 역사가 차이가 발생했음을 알게 되었다.

드라마 안에서 소현세자는 병자호란을 막아낸 데 이어 임금으로 등극했고, 영종으로 역사에 남게 되었다. 병자호란이라는 전시 상황에서 조선의 운명을 결정할 통수권자는 인조이지만 드라마에서는 임금 '인조'의 역할을 과감히 삭제했다. 이후 조선은 근대화에 성공했는데, 여기에서 말하는 근대화는 '이과理科형 군주'라는 드라마의 설정을 통해 알 수 있듯 서양과학의 수용을 뜻한다. 소현세자와 아담 샬의 만남을 의식한 것이다.

2022년 개봉한 영화 〈올빼미〉에서는 조선으로 귀국한 소현세자가 인조와 독대하는 장면이 나온다. 소현세자는 지구의를 가지고 조선의 미래를 논하면서 청나라가 서양 문물을 받아들여 하루가 다르게 성장하고 있음을 설명했다. 이어서 "바꾸지 못하면 조선은 죽을 것"이라고 외쳤다. 하지만 인조의 대답은 소현세자 독살이었다. 결국 조선을 바꿀 수 있는 유일한 기회는 소현세자의 죽음과 함께 사라져버렸다.

2023년 MBC에서 방영된 드라마 〈연인〉에서는 주인공 장현의 도움을 받아 소현이 세자로서 성장한다. 소현세자의 성장을 보여주는 대표적인 장면으로 조선인 포로들을 농장 경영에 활용하며 "내 만일 조선에 돌아갈 수 있다면 반드시 그대들도 데려가리다"라고 선언하는 모습을 꼽을 수 있다. 극 중에서 조선인 포로는 인조의 의심을 증폭시키는 요인이 되었고, 결국 소현세자는 독살되고 만다.

〈더 킹: 영원의 군주〉, 〈올빼미〉, 〈연인〉 등은 모두 비교적 최근에 제작된 드라마와 영화로서 소현세자 서사를 충실히 반영함과 동시에 역사적 상상력을 가미하고 있다. 극 중에서 소현세자는 이상적인 군주의 모습으로 그려지는 반면, 인조는 무능력하고 비열한 군주의 모습으로 묘사되어 극명한 대비를 이룬다. 소현세자의 독살 여부는 조선의 운명을 결정짓는 중요한 사건으로 자리매김한다. 이 같은 설정은 예시로 든 3편의 작품을 제외하고도 수많은 콘텐츠에서 끊임없이 재생산되고 있다. 소현세자 콘텐츠를 통

[그림 22] 영화 〈올빼미〉의 한 장면
소현세자가 귀국 후 인조와 독대를 하는 장면이다.
두 사람의 갈등이 고조되는 순간을 묘사하고 있다.
* 출처: 네이버 영화

해 소현세자 서사의 지위는 더욱 공고해지고, 소현세자는 조선을 바꿀 수 있었던 인물로서 평가가 격상되었다. 그렇게 소현세자는 우리 안의 작은 영웅이 되어갔다.

05
역사 속의 소현세자와
대면하기

소현세자의 삶은 어떻게 재구성되는가

비록 시간이 많이 흘렀지만 소현세자는 다시 호출되었다. 심지어 조선의 운명을 바꿀 수 있었던 인물로 재평가되었다. 죽음으로부터 시작된 망각의 늪에서 마침내 벗어난 것이다. 소현세자 개인에게도, 그리고 조금 더 찬란할 수 있었던 과거를 그리게 된 우리에게도 나쁘지 않은 결과로 보인다.

그런데 조금 냉정해질 필요가 있다. 하나의 질문을 던져보자. 지금 재구성되고 있는 소현세자의 모습은 정말 실제와 부합한 것일까? 역사 속의 소현세자는 단 한 편의 글도 남기지 않았다. 소현세자의 삶을 재구성하기 위해선 파편적인, 그리고 편향적으로 작성된 사료의 틈바구니를 비집고 들어갈 수밖에 없다. 당연히 이러한 작업은 많은 공백과 허점에 노출되어 있다. 그런데도 소현세자에 대해 너무 많은 것을 이야기하고, 그것을 옳다고 믿고 있는 것은 아닐까? 되짚어볼 필요가 있는 문제이다.

원초적인 궁금증부터 해결해보자. 과연 어떤 자료를 보고 소현세자의 삶을 재구성하고 있는가? 소현세자가 스스로 남겨놓은 기록은 없지만 소현세자의 행적을 수록한 기록은 비교적 많은 편이다. 세자의 신분이었기 때문에 공적으로 편찬된 《인조실록》과 《승정원일기》, 그리고 심양에서 세자시강원 관원들이 기록한 《심양일기》와 《심양장계》를 확인하면 세자의 일거수일투족은 복원 가능하다. 직접 자료를 읽어본 사람이라면 알겠지만 관찬 기록은 주요 사실 위주로 서술된다. 그 안에서 소현세자의 일상을 확인하는 작업은 그리 어렵지 않지만 소현세자의 생각이나 감정까지 포착하기란 생각보다 쉽지 않다.

간접적으로나마 소현세자의 생각이나 의도를 확인할 수 있는 방법이 있다. 소현세자에 대한 동시대인들의 평가를 통해 역으로 소현세자의 생각을 읽어내는 방법이다. 몇 가지 평가를 보자.

이 당시 세자가 심양에 오랜 기간 머물러 있으면서 관사 건물을 넓히고 사사로이 재물의 이득을 늘려 청나라 장수들의 요구에 응하고 나머지 잉여분으로 잡혀간 우리나라의 남녀를 속환贖還한 것이 수백 인에 달했다. 속환한 백성들은 관소에 두거나 야판野坂으로 옮겨 두어 일하는 데에 충당하면서 모두 본토로 돌아가는 것을 허락하지 않고 임금이 그러한 사실을

소현세자는 말이 없다 ──●

모르게 했다(《인조실록》권44, 인조 21년 12월 22일 임오).

왕세자가 창경궁 환경당에서 세상을 떠났다. 세자는 자질이 영민하고 총명했으나 기국과 도량은 넓지 못했다. …… 세자가 심양에 오래 있으면서 모든 행동을 일체 청나라 사람이 하라는 대로만 따라했다. 사냥이나 전쟁에 참여하다 보니, 가깝게 지내는 자는 모두가 무인이나 잡졸들이었다(《인조실록》권46, 인조 23년 4월 26일 무인).

소현세자의 졸곡제卒哭祭를 행했다. …… 포로로 잡혀간 조선 사람들을 모집하여 둔전을 경작해서 곡식을 쌓아 두고는 진기한 물품을 사들이느라 관소의 문이 마치 시장 같았다. 임금이 그 사실을 듣고 못마땅하게 여겼다(《인조실록》권46, 인조 23년 6월 27일 무인).

모두 소현세자의 행적을 평가한 기록들이다. 첫 번째 기사는 조선인 포로를 속환하고 있는 모습을, 두 번째 기사는 청나라 사람과 친밀하게 지내며 기질마저 바뀌고 있는 모습을, 세 번째 기사는 야판 운영의 이윤을 통해 무역을 행하고 있는 모습을 전하고 있다. 이상의 기록은 '노예 해방가', '현실주의자', '농장 경영가' 소현세자의 중요한 근거가 된다.

그런데 인용문을 눈여겨 살펴보면 한 가지 공통점을 발견할 수 있다. 그것은 바로 위의 기사들이 소현세자의 업적을 기리기 위해서가 아니라 소현세자의 행실을 비판하려는 목적으로 작성되었다는 사실이다. 소현세자에 대한 비판이 현대에 이르러 소현세자 서사의 증거로 변모한 것이다.

여기서 하나의 궁금증이 생긴다. 세자는 차기 왕위 계승권자로서 매우 높은 신분에 해당하는데 《인조실록》에서는 왜 소현세자를 비판하지 못해 안달이 난 것일까? 정답은 바로 봉림대군에 있다. 계속해서 언급하지만 소현세자가 사망한 후 세자의 자리는 원손에게 돌아가야 마땅했다. 하지만 실제로 세자의 지위에 오른 것은 봉림대군이었다. 이는 당시에도 논란의 대상이 되었고, 훗날 벌어지는 예송논쟁의 발단이 되기도 했다. 어쨌든 봉림대군이 세자가 된 이상, 원손은 봉림대군의 잠재적 위협 대상이 될 수밖에 없었다. 봉림대군, 훗날의 효종이 정치적 권위를 확보하기 위해서는 소현세자와 그의 아들이 세자의 지위에 적합하지 않음을 입증해야 했다.

앞의 인용문 중 두 번째는 소현세자의 사망 기사이고 세 번째는 졸곡제 기사였다는 점을 감안하면, 소현세자가 사망한 직후부터 정치적 공작이 이루어졌음을 알 수 있다. 더구나 《실록》은 다음 국왕 대에 편찬된다. 즉 《인조실록》은 효종 대에 편찬된 것이다. 소현세자의 존재로 인해 정통성에 결함을 가지고 있던 효종 대에 작성된 기사가 객관적인 시각에서 쓰였을까? 따라서 앞의 인용문들은 매우 조심스럽게 다뤄야 한다. 이미 정치적으로 오염

소현세자는 말이 없다 ──●

이 되어 있을 가능성이 농후하기 때문이다.

소현세자의 생각을 유추하는 또 다른 방식은 더욱 위험하다. 바로 시대적 배경을 기반으로 소현세자의 변화를 추측하는 방식이다. 예를 들어 "세자는 인질로 잡혀 있으면서 청이 중국을 석권하는 것을 직접 목격했던 만큼 현실적인 인식을 가질 수밖에 없었다"라든지, "심양에서 여러 이민족 및 그들의 문화와 접촉한 경험은 문화의 다양성을 체험하게 해주는 동시에 청이라는 새로운 중심으로부터 다시 주변화·타자화되는 경험을 갖게 했던 것으로 보인다"는 추정 등이 바로 그것이다. [*] 이는 일정한 역사적 조건만 충족되면 변화가 발생할 것이라는 전제하에 성립한다.

그런데 당시 인질은 소현세자 한 명이 아니었다. 봉림대군도 소현세자와 함께 인질 생활을 경험했고, 삼공육경의 자제 및 세자를 모시고 있는 시강원 소속의 관원, 죄인이라는 명목으로 수감 생활을 했던 최명길과 김상헌을 비롯한 수많은 고위 관료들 역시 심양에서 다년간 생활했다. 따라서 심양에서의 경험이 소현세자의 생각을 바꿔놓았다는 논리대로라면, 함께 심양에서 생활했던 조선인들에게서도 비슷한 변화가 발생해야 한다. 하지만 소현세자 외의 인물에게서 그러한 변화는 확인되지 않는다. 그렇다면 소현세자만 예외적으로 시대의 변화에 민감하게 반응한 것인가?

[*] 신항수, 〈소현세자는 왜 급살되었나〉, 《내일을 여는 역사》 10, 2002; 김경미, 〈소현세자의 '청' 체험과 문화 수용〉, 《한국문화연구》 10, 2006.

확실한 건 몇몇 단편적인 사료나 추정만으로 소현세자의 생각을 재구성한다는 것은 위험한 작업이라는 점이다. 여기에서는 이러한 점에 유념하며 지금의 소현세자 서사에 대해 조금 더 면밀히 검토해보고자 한다.

소현세자는 외교관이었는가

소현세자는 인질로서 조참을 비롯한 행사와 사냥, 그리고 전쟁 등에 참여했다. 하지만 조참의 경우 한 달에 세 번 개최되었고, 사냥이나 전쟁은 많아야 일 년에 한두 차례였다. 따라서 대부분의 시간은 비교적 평온한 상태로 보낼 수 있었다. 그렇다고 세자가 아무 일 없이 놀고만 있었던 것은 아니다. 아니, 놀고 있을 수가 없었다.

청은 심양관을 단순히 인질들을 구류시키는 장소로 생각한 것이 아니라 일종의 대사관으로 여겼다. 그렇기 때문에 청과 조선 사이에 외교적 사안이 발생하면 심양관을 통해 해결하려 했다. 특히 조선의 차기 국왕에 오를 소현세자가 외교관의 역할을 해주길 기대했다.

잉굴다이와 마푸타가 와서 말했다.

"조선은 매사를 모두 빈말로 속였소. 지금 또 군대 파병과 같은 큰일을 속이는 것이오? 조선이 실제로 군사를 뽑아 보냈다면 어찌 지금까지 들어오지 않소? …… 애당초 관리를 보내서 출발을 독촉할 줄 모르는 것이 아니오. 조선의 세자가 여기 있고 여러 신하가 모시고 있어서 세자의 말이 필시 관리보다 나을 것이라 생각한 것이오. 그래서 관리를 뽑아 보내지 않고 세자로 하여금 본국에 알리게 했소. 그러나 세자의 말을 전혀 곧이듣지 않고 끝내 파병의 기일을 어기고 말았으니 이게 무슨 일이오? 조선의 일은 왜 이리 괴이하단 말이오"(《심양장계》 무인년(1638) 9월 3일).

범문정 등이 심양관으로 달려와 황제의 명을 세자에게 전달했다. "전에 말한 군량을 옮길 인부와 말이 아직 그림자도 보이지 않으니 이게 무슨 도리입니까? 황제께서 처음에는 세자가 여기 계시니 무슨 일이든 마음을 다할 것이라고 생각했습니다. 그러나 요즘 여기서 말한 것을 번번이 장계로 올렸다고 하는데도 전혀 시행되지 않으니 반드시 시간을 끌어 명령을 어기려는 것이 조선의 의도임을 알 수 있습니다"(《심양장계》 경진년(1640) 9월 6일).

두 기사는 모두 명과의 전쟁을 앞두고 있던 시점에서 나온 것으로, 조선이 군사적 의무를 수행하지 않음을 질책하는 내용이다. 조선은 어떻게든 명·청 전쟁에 참여하지 않기 위해 외교적 노력을 기울였지만 청은 조선의 충성심을 확인하려는 목적에서 참여를 강요했다. 외교적 노력이 좌절되자 조선은 전쟁을 회피하기 위해 고의로 시간을 지연시키는 방식을 채택했는데, 이에 대해 청이 강하게 반발하는 모습을 확인할 수 있다.

한편 이 기사들은 청에서 소현세자에게 어떤 역할을 기대했는지 보여준다. 첫 번째 기사에서 잉굴다이 등은 청에서 직접 관리를 보내 조선을 압박할 수도 있지만 소현세자가 중간에서 일을 잘 주선해줄 것이라 기대했다고 밝혔다. 소현세자가 외교관 역할을 할 것으로 본 것이다. 범문정이 전한 홍타이지의 발언은 보다 노골적이다. 소현세자가 이곳에서 마음을 다해 외교적 업무를 수행할 것이라 기대했지만 오히려 본국과 작당하여 일을 망치려 든다는 것이었다.

청의 기대에 대한 소현세자의 답변은 무엇이었을까?

잉굴다이와 마푸타 등이 말했다.

"남한산성의 약조는 문서로만 논의하여 결정한 것이 아닙니다. 우리가 왕래하면서 언약할 때에 모든 일에 순종한다고 했습니다. 그렇다면 수만 명의 군사라도 마땅히 동원해야 할 것인데 5,000명의 징발을 거역하려 하다니, 어찌하여 이렇게 쉽게 전에 한 약속을 어긴단 말입니까? …… 세자는 본국의 일을 비호하여 여기에서부터 막으려는 것입니까?"

소현세자가 대답했다.

"세자는 본국에서도 문안을 여쭙고 수라를 살피는 일 외에는 모든 일에 관여하지 못합니다. 하물며 군사와 국정에 관계된 일은 어떻겠습니까? 지금 사신이 이 자리에 있으니 이 일은 사신에게 묻는 것이 좋겠습니다"(《심양일기》 무인년(1638) 7월 10일).

조선이 사신을 파견하여 할당된 5,000명의 군사 파병을 무산시키려 하자 소현세자를 압박하는 모습이다. 소현세자는 자신의 직분은 문안을 여쭙고 수라를 돌보는 정도에 불과하며 군사나 국정과 관련한 중대 사안은 권한 밖의 일이라고 선을 그었다. 이후에도 세자의 직분이 문안을 여쭙고 수라를 돌보는 것뿐이라는 핑계는 수시로 등장한다. 청의 압박에 대한 대응 매뉴얼이었던 것이다.

소현세자가 내세운 명분은 단순한 핑계거리는 아니었다. 조선의 경우 모든 권력이 국왕에게 집중되어 있다. 국왕의 권력을 위협할 수 있는 종친宗親들의 정치 참여는 엄격하게 제한되어 있다. 여기서 말하는 종친이란 국왕의 4대손까지로, 이들은 관직에 진출할 수 없었다. 세자 역시 훗날 국왕에 오를 수 있는 신분이지만 반대로 국왕에 오르기 전까지는 정치 참여에 제한적일 수밖에 없었다. 대리청정과 같은 형태로 국왕을 대신해 정사를 돌보는 경우도 있지만 이는 예외적인 상황에 불과하며 소현세자에게 해당되지도 않았다.

반면 소현세자에게 외교관 역할을 기대했던 청 또한 나름의 이유가 있었다. 청의 경우 황족들의 정치 참여가 제한되기는커녕 오히려 권장되었다. 청의 정치체제를 이해하는 데 가장 중요한 요소는 '팔기八旗'이다. 청은 과거 누르하치 시절부터 복속된 여러 부족을 '구사gūsa'라는 8개의 조직 아래 배치했는데, 각각의 구사가 서로 다른 깃발을 썼기 때문에 팔기라고 불렸다. 각각의 구사는 관할하는 주인이 달랐다. 예를 들어 누르하치나 홍타이지는 정황기와 양황기의 주인이었다. 나머지 6개의 구사 역시 따로 주인이 있었다. 바로 황족들이었다. 황족들 중에는 누르하치의 아들이 단연 압도적으로 많았으며 조카들도 포함되어 있었다. 황족들은 구사에 대한 지분을 토대로 정치적 목소리를 낼 수 있었다. 종친이 정치에 참여할 수 없다는 관념은 청 사회에 전혀 통용되지 않았다. 그렇기에 소현세자에게 상당한 정치적 역할을 기대한 것은 어찌 보면 당연한 일이었다.

조선과 청의 정치 구조 외에 한 가지 변수가 더 있었다. 바로 소현세자를 바라보는 인조의 시선이었다. 인조는 소현세자가 어떤 모습으로 인질 생활을 수행하길 원했을까? 앞서 마지막 작별 인사에서 "항상 힘써라. 지나치게 화를 내지도, 가볍게 보이지도 말라"는 주문을 했던 사실이 떠오른다. 하지만 이 주문은 지나치게 추상적이다. 몸가짐에 신경 쓰라는 원론적인 이야기에 불과하다. 인조가 생각하는 몸가짐이란 어떤 것이었을까?

인조가 이성구李聖求에게 말했다.
"이야기를 듣자 하니 세자가 심양으로 떠날 때 어떤 사람이

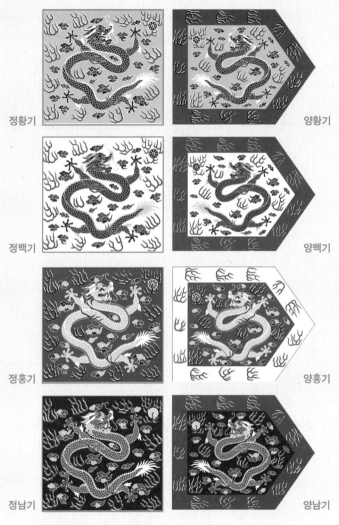

[그림 23] 팔기 깃발

깃발의 색깔에 따라 황, 백, 홍, 남으로 구분되고, 여기서 다시 테두리가 없는
정正과 오각형의 테두리가 있는 양鑲으로 구분된다.

* 출처: 동북아역사재단

수십 필의 면포를 바치자 세자는 받을 근거가 없다고 거절하려 했는데 시강원 관원들이 기어이 받으라고 청했다고 한다. 이 말은 비록 떠도는 소문에 불과하지만 일 처리가 이와 같다면 매우 잘못된 것이다. 반드시 소무蘇武가 고초를 감수해야 하는데 술 마시고 거처하는 것을 평상시처럼 하려 한다면 어찌 잘못된 것이 아니겠는가. 경이 들어가면 반드시 단속하여 주의시키도록 하라"(《인조실록》 권34, 인조 15년 4월 18일 정해).

이 기사는 인조가 사신으로 파견되어 심양을 방문하게 될 이성구와 대화를 나누는 장면이다. 인조는 시강원 관원들이 세자를 잘 보필하지 못하고 있다며 이성구에게 단속을 지시했다. 여기서 주의 깊게 볼 대목은 소현세자가 소무처럼 고초를 감수해야 한다고 언급한 부분이다. 소무는 중국의 한나라 때 흉노 지역에 사신으로 갔다가 포로가 되었던 인물이다. 흉노의 선우單于* 는 소무를 항복시키기 위해 토굴에 가두고 음식을 주지 않았다. 배가 고프면 소무가 굴복할 것이라 본 것이다. 하지만 소무는 하늘에서 내리는 눈과 입고 있는 가죽옷을 씹어 먹으며 버텨냈다. 결국 선우는 소무를 굴복시키길 포기하고 지금의 바이칼호 부근으로 유배를 보내버렸다. 이곳에서도 소무에 대한 회유는 계속되었지만 그

---

* 흉노 지배자의 호칭.

소현세자는 말이 없다 ——•

는 절개를 지켰다. 그렇게 19년이라는 시간이 흘러 한과 흉노가 화친을 하게 되자 마침내 소무는 본국으로 돌아올 수 있었다.

인조가 소현세자에게 소무와 같은 행실을 기대했다는 것은 조선이 청의 제후국임에도 불구하고 여전히 청을 적국으로 규정하고 있었음을 의미한다. 인조가 기대한 소현세자의 역할은 조선과 청의 관계를 매끄럽게 만드는 외교관의 모습과는 거리가 멀었다. 오히려 고초를 겪더라도 절개를 지키며 청의 요구에 맞서는 모습을 연출하길 내심 바랐을 것이다.

소현세자가 인조의 시선을 느끼지 못했을 리 없다. 이는 소현세자의 행동을 제약하는 요인 중 하나가 되었을 것이다. 소현세자가 청의 기대와 달리 외교관으로서의 역할을 수행하지 않은 것은 인조의 기대에서 벗어나지 않으려는 노력으로 볼 수 있다. 하지만 앞서도 살펴보았듯이 인조의 왕위를 소현세자에게 넘겨줄 수도 있다는 첩보가 조선에 전달되면서 소현세자를 향한 인조의 시선은 차갑게 식어갔다.

소현세자에 대한 인조의 의심은 날이 갈수록 심해졌다. 1643년 소현세자의 2차 귀국과 관련해서 이야기가 흘러나오자 인조는 아들의 귀환을 반기기는커녕 청의 저의를 의심하기에 이른다.

인조가 말했다.

"청나라 사람이 나에게 입조를 요구한 것은 이전 황제 때부터 있어왔으나 내가 병이 들었다는 것으로 이해시켰으므로 저들

157

도 강요하지 않았다. 지금 듣자하니 구왕九王[*]은 나이가 젊고 깐깐하다고 하니 그 뜻을 어찌 예측할 수 있겠는가? 예전에는 세자를 지나치게 박하게 대하더니 지금은 지나치게 우대한다 고 하니 나는 의심이 없을 수 없다"(《인조실록》권44, 인조 21년 10월 11일 신미).

인조는 도르곤이 소현세자를 우대하며 귀국까지 시킨다고 하 니 그것이 자신의 왕위를 소현세자로 갈아치우기 위함은 아닌지 걱정한 것이다. 이처럼 인조의 의심을 받는 상황에서 소현세자 가 자신의 발언력을 키우는 것은 또 다른 의심을 불러올 수 있었 다. 적극적인 활동을 촉구하는 청의 요구에 대해 매번 "세자의 직무는 문안을 여쭙고 수라를 돌보는 것에 불과하"다고 회피했 던 이유가 여기 있었던 것은 아닐까? 소현세자는 외교관으로서 자신의 역량을 선보일 환경이나 의지를 가질 수 있는 상황이 아 니었다.

---

[*] 홍타이지의 이복동생 도르곤. 당시 도르곤은 섭정왕의 지위였다.

포로 해방과 농장 경영은
누구의 아이디어였는가

소현세자 서사에 따르면, 소현세자는 심양의 포로들을 속환하고 이들을 농장 경영에 동원하여 큰 성과를 거두었다고 한다. 그리고 이는 역사 기록에 남아 있는 사실이기 때문에 해당 서사는 그리 큰 문제가 없어 보인다. 하지만 실제로도 그랬을까? 앞뒤 사정을 조금 더 확인해보자.

우선 소현세자가 농장을 경영하게 된 과정을 살펴보도록 하겠다. 앞서 심양 생활에서 언급했듯이 처음에는 청에서 심양관에 식사를 현물로 제공했다. 하지만 심양관에 상주하는 인원이 워낙 많아 청의 입장에서는 부담되는 상황이었다. 따라서 1638년 3월부터는 은을 지급하는 방식으로 방침이 바뀌었다. 돈을 줄 테니 이 돈으로 알아서 찬거리를 구입하라는 것이었다. 문제는 청에서 지급한 은이 심양관의 인원들을 먹이기에 턱없이 부족했다는 데 있었다. 하지만 청의 입장은 단호했다. 결국 심양관은 청에서 제공한 은과 본국의 지원을 통해 식사 문제를 해결해야 했다.

1641년 2월 청의 방침이 또다시 바뀌었다.

아문에서 아리강阿里江 강변에 한 달 갈이 채소밭을 떼어주고 야판野坂을 만들게 했다. 이에 앞서 아문에서 매번 밭을 주어 채소와 과일을 심고 정자를 지어 목축의 장소로 삼게

하려고 했으나 관소에서 이유를 들어 따르지 않았었다. 그러
나 지금에 이르러 한의 명으로 억지로 주니 따르지 않으면
어떤 일이 생길지 몰라 어쩔 수 없이 받았다(《심양일기》 신사년
(1641) 2월 29일).

쉽게 말해 밭을 떼어줄 테니 여기서 직접 농사를 지어 먹고 살
라는 것이었다. 이 기록에 따르면 이미 이전부터 청에서는 밭을
떼어주겠다고 했고 심양관에서 핑계를 대면서 거부했다. 하지만
1641년에 이르면 청의 요구를 더 이상 거부하기 힘든 단계까지
온 것이다. 그래도 1641년은 유야무야 넘어갔던 것으로 보인다.
실제로 농사를 지은 기록이 전혀 보이지 않기 때문이다.

1641년 12월, 조선 출신인 청의 역관 정명수鄭命壽가 "몽골의
경우 1~2년만 급료를 받고 이후에는 스스로 농사를 짓는데, 조선
만 5년이나 급료를 받았으니 더 이상 호의는 불가능하다"며 땅을
떼어주겠다는 통보를 날렸다. 조선은 심양관에 일꾼이 없다는 이
유로 어떻게든 농장 경영을 회피하려 했다. 하지만 정명수는 이
문제에 대한 황제의 명령을 전했다. "농군을 본국에서 징발해오
기 어렵다면 포로를 속환하여 쓰고, 세자가 훗날 본국으로 돌아
갈 때 데리고 가라"는 것이었다. 결국 황제 홍타이지의 명령에 따
라 심양관에서는 1642년 1월부터 농사지을 만한 조선인 포로들
을 속환, 즉 돈을 주고 사들이기 시작한다.

이상의 포로 속환과 농장 경영 과정에서 심양관 측의 자발적인

의지는 전혀 찾아볼 수 없다. 심양관은 일꾼 문제로 농장 경영을 회피하려고만 했고, 포로 속환을 통해 일꾼 문제를 해결하라는 것은 소현세자가 아니라 전적으로 홍타이지의 구상에서 나온 것이었다.

어쨌든 결과적으로 포로도 속환하고 농장도 경영하게 되었다. 그렇다면 소현세자는 농장 경영에 얼마나 참여했을까? 현재의 소현세자 서사에서 말하는 것처럼 주도적인 역할을 수행했을까? 우선 기록상으로 소현세자가 적극적으로 농장 경영에 개입한 흔적은 확인되지 않는다. 당시 심양관에 호방, 예방, 병방, 공방 등이 설치되었음은 앞에서도 언급한 바 있다. 이 중에서 경제적인 업무는 호방 담당이었다. 따라서 농장 경영 역시 호방이 주도할 수밖에 없었다. 소현세자는 비정기적으로 야판을 방문하여 농사일을 독려하는 것으로 자신의 소임을 다했는데, 놀랍게도 이 역시 농장 경영을 재촉하기 위한 청의 요구로 인한 것이었다.

마지막으로 농장 경영의 결과를 확인해보자. 앞서 《인조실록》에 따르면 소현세자가 농장 경영을 통해 많은 이윤을 남겼고, 이를 통해 청의 실력자들과 교유하거나 무역 행위를 일삼았다고 했다. 다행히도 농장 경영에 대한 실적 보고서가 남아 있어 이 문제를 검토하는 데 유용하다. 1642년과 1643년 실적 보고서에 따르면, 각각 98섬과 233섬을 파종하여 3,319섬과 5,024섬을 수확했다. 농사를 담당하는 속환인 190여 명을 1년간 먹여 살리는 비용이 680섬 정도였으니 실제로 농장 경영은 남는 장사였다.

그런데 당시 보고서는 이 결과를 낙관적으로만 바라보고 있지 않다. "씨 뿌린 것으로 따져보면 많지 않다고 할 수 없다"고 평가하면서도 "관소에서 써야 할 수량에도 매우 부족해서 앞으로의 상황이 염려스럽다"는 우려를 동시에 드러낸 것이다. 분명 농사는 성공적이었는데 심양관에서는 왜 이런 우려를 드러낸 것일까?

여기에는 크게 두 가지 이유가 있다. 우선 초기 비용의 문제이다. 청에서 농장 경영을 강제하면서 심양관에 제공한 것은 토지뿐이었다. 하지만 땅만 가지고서 농사를 지을 수는 없다. 농사를 짓기 위한 인력으로 농군을 속환시켜야 했고, 이들에게 생활을 영위할 수 있는 식량과 의복은 물론 농사에 필요한 농포農布 및 농기구, 농우 등을 제공해야 했다. 이렇게 들어간 초기비용이 총 7,000냥에 달했다. 쉽게 얘기해서 창업비용이 이미 과도하게 지출된 상황이었다. 만약 농장 경영이 장기적으로 이루어졌다면 초기비용의 부담은 줄어들었겠지만 농장 경영은 1642년부터 44년까지 단 3년에 불과했다.

다음으로 심양관의 경제적 부담이다. 심양관은 각종 원역들의 급료뿐만 아니라 심양관을 왕래하는 역마와 역졸들의 양식도 감당해야 했다. 또한 청과의 관계에서 다양한 형태의 외교적 비용들도 지속적으로 발생했다. 농장 경영으로 소득이 생긴 것은 사실이지만 여전히 지출이 소득을 상회하는 상황이었던 것이다. 실제로 심양관은 농장 경영 이후로도 비용이 부족하여 본국에 수차례 지원을 요청했다. 따라서 소현세자가 《인조실록》의 지적처럼 농장 경영의 이윤을 외교적 비용이나 상업에 이용했다 하더라도 사용할 수 있는 자원은 제한적이었을 것이고, 이마저도 심양관을 운영하기 위한 목적을 벗어나지 않았을 것이다.

인식의 전환은 일어났는가

소현세자에게 조선의 미래를 기대하는 이유 중 하나는 소현세자가 동아시아 세계의 대격변 현장을 목격했기 때문이다. 소현세자가 명·청 교체를 목도하면서 우물 안 개구리처럼 조선 땅 안에서 공자 왈 맹자 왈 외는 고지식한 지식인보다는 열린 사고를 가지게 되었을 것이라고 추론한 것이다. 그런데 정말 소현세자가 청 중심의 현실적 혹은 개방적 대외인식을 갖추게 되었을까? 불행히도 소현세자의 인식을 명확하게 보여주는 사료는 현재까지 확인되지 않는다. 소현세자의 행적을 추적하여 간접적으로 유추해볼 수 있을 뿐이다.

앞서 소현세자가 외교관으로서의 역량을 펼칠 만한 환경도, 의지도 없었다고 지적했다. 하지만 소현세자가 매사 무기력한 태도로 일관했던 것은 아니다. 심양관에서 지내는 동안 소현세자가 가장 열정적으로 활동했던 사건으로는 '정뇌경鄭雷卿 사건'을 꼽을 수 있다. 정뇌경은 시강원 관원으로 심양관에서 소현세자를 보필했던 인물이다.

당시 심양관과 청나라 아문 사이를 왕래하며 통역 일을 했던 인물 중에 정명수라는 이가 있었다. 정명수는 본래 조선의 천인 출신으로 청나라의 전쟁 포로가 되었는데, 통역 능력을 인정받아 인생역전에 성공한 인물이었다. 정명수는 청과 조선의 중간다리 역할을 하면서 많은 폐단을 저질렀다. 심양관의 입장에서는 가뜩이나 본국의 천한 신분 출신인 정명수에게 아쉬운 소리를 해야 하는 상황이 못마땅했는데, 중간에서 착복까지 자행하니 답답해 미칠 지경이었을 것이다. 하지만 정명수의 뒷배가 대조선 업무를 담당했던 잉굴다이와 마푸타였기 때문에 심양관 입장에서는 속이 쓰려도 참을 수밖에 없었다.

그런데 정명수를 아니꼽게 보았던 것은 심양관뿐만은 아니었다. 청의 포로가 되어 사역을 하는 수많은 조선인 중에서도 정명수를 벼르고 있던 사람들이 있었다. 이들은 심양관 측에 정명수의 비리 정보를 제공하며 고발해달라고 요청했다. 심양관 측에서는 그 정보가 사실이라 하더라도 결국은 잉굴다이와 마푸타에 의해 저지될 것이라 예상하고 고발을 꺼렸다. 그때 발 벗고 나선 이가 바로 정뇌경이었다. 정뇌경은 심양관이 아닌 개인 차원에서 정명수를 고발하겠다고 자청했다. 결국 고발은 이루어졌고, 청의 형부에 의해 조사가 시작되었다. 하지만 심양관의 우려대로 상황은 여의치 않게 흘러갔고, 정뇌경은 무고 혐의로 사형을 선고받게 된다.

애초에 심양관은 이 사건에서 발을 뺐지만 그렇다고 정뇌경이 사형까지 선고받은 상황에서 손 놓고 있을 수만은 없었다. 특히 소현세자는 세자시강원 관리들의 만류에도 불구하고 정뇌경을 살리기 위해 적극적인 구명 활동을 펼쳤다. 비록 소현세자의 시도는 무위로 돌아갔지만 자신의 안위까지 위험해질 수 있는 상황에서 전에 없던 행보를 보여주었다.

이 사건의 표면은 청나라 역관 정명수를 둘러싼 갈등이었지만, 한 꺼풀 벗겨내면 청나라에 대한 원초적 반감이 자리 잡고 있다. 정뇌경은 1636년 홍타이지의 황제 즉위식에 동참하라는 요구가 있을 때부터 척화론을 펼치며 반청 감정을 드러냈다. 이렇듯 강고한 반청 감정을 가지고 있었기 때문에 외교 현장의 일선에서 불의를 참지 못했던 것이다. 그런데 소현세자가 이미 청 중심의 세계관에 동화되었다면, 반청 감정으로 무장한 정뇌경의 거사에 적극적으로 움직일 수 있었을까?

혹자는 이렇게 말할 수도 있을 것이다. 소현세자의 구명 활동은 반청의식과는 무관하게 생사고락을 함께한 신하에 대한 예우라고 말이다. 그렇다면 다음 사례를 살펴보자. 1638년 1월 1일, 소현세자는 새해를 맞이하여 청에서 주관하는 제사에 참석한다. 모든 행사를 마치고 돌아오는 길에 관왕묘關王廟에 들렀는데 이곳에는 장춘張椿이라는 인물이 있었다.

세자가 태복시경太僕寺卿 장춘을 만나고자 청하니 장춘이 세자를 맞이했다. 서로 읍례를 행하고 자리를 권하여 장춘은 서쪽을 향해 앉고 세자는 동쪽을 향해 앉았다. 세자가 말했다. "오랫동안 높은 절개를 우러르면서도 인연이 없어 뵙지 못하던 차에 하늘이 기회를 주어 맑은 모습을 뵙게 되니 매우 다행입니다." …… 장춘은 섬서성 동주 사람으로 신미년 겨울에 대릉하 전투에서 패하여 사로잡혔다. 장춘이 굴복하지 않으니 청인이 죽이려고 했으나 청 황제가 의롭게 여겨 죽이지 못하게 했다(《심양일기》 무인년(1638) 1월 1일).

이 기사는 세자와 장춘의 만남에 대해 묘사하고 있다. 장춘은 명나라 조정에서 관직 생활을 하다가 청나라의 포로가 되었지만 끝내 항복하지 않은 인물로, 관왕묘에 사실상 유폐되어 있는 상황이었다. 세자는 그런 장춘을 찾아 좌우로 마주 앉아서 절개를 찬양했다. 예법을 중요시하는 전통시대에 마주 앉는다는 것은 두 사람이 서로 동등한 지위나 신분을 가지고 있음을 뜻한다. 그런데 장춘은 상국이었던 명나라의 신하였지만 현재는 포로의 신분에 불과했다. 또한 소현세자는 제후국이라 하더라도 조선의 세자 신분이었고, 당시 조선은 명이 아닌 청의 제후국이었다. 예법에 따른다면 소현세자가 장춘과 마주 앉을 필요는 없었던 것이다. 그럼에도 소현세자는 장춘에 대한 존중의 의미를 담아 항례抗禮[*]

* 서로 동등한 예.

소현세자는 말이 없다 ━●

로써 그를 대우했다.

　소현세자와 장춘의 만남은 정치적으로 위험할 수 있었다. 인질 소현세자가 명의 충신을 찾아가 회포를 풀었다는 사실이 여러 상상력을 불러일으킬 수 있기 때문이다. 청에서 알고서도 모른 척한 것인지, 정말 몰랐던 것인지는 알 수 없지만 다행히 이 일로 아무런 문제도 일어나지 않았다. 하지만 소현세자가 위험을 무릅쓰면서까지 '숭명반청崇明反淸'의 태도를 선보였다는 사실에는 변함이 없다.

　이외에도 소현세자가 청의 무위나 전공에 압도당하는 모습은 확인되지 않는다. 그렇다고 정뇌경이나 장춘의 사례처럼 '숭명반청'의 모습을 자주 연출한 것도 아니었다. 이는 조선의 세자인 동시에 청의 인질이라는 소현세자의 복합적인 신분을 감안할 필요가 있다. 자신의 감정을 솔직히 드러내는 것이 외교적 문제를 야기할 수 있다는 사실 정도는 소현세자도 당연히 알았을 것이다. 반대로 이야기하면 소현세자가 조선의 대다수 사람이 표방하던 '숭명반청'의 태도와 다른 심성을 소유하고 있었다는 근거가 그 어디에도 존재하지 않다는 말이다. 기록에 담을 수 없는 변화들이 실제로 일어났다 하더라도 현재 이를 증명할 수 있는 방법은 남아 있지 않다.

아담 샬의 기록은 믿을 수 있는가

소현세자의 삶과 죽음이 주목받기 시작한 계기는 야마구치 마사유키가 아담 샬의 회고록 《중국전례보고서》를 소개한 것이었다. 이런 점에서 '소현세자 서사'의 시작점을 소현세자와 아담 샬의 교유라 말해도 크게 무리는 없을 듯하다. 그렇다면 아담 샬과 소현세자의 만남에는 아무런 문제도 없는 것일까? 이를 확인하기 위해 전후 사정을 조금 더 살펴보겠다.

앞서도 언급했지만 1644년 5월 도르곤이 이끄는 청군이 북경을 점령했다. 도르곤은 북경 점령 이후 혼란한 정국을 안정시키고 순치제를 북경으로 모셔온 다음 10월 1일 북경 천도를 선언한다. 순치제가 북경에 도착한 것은 정확히 9월 19일이었다. 소현세자 역시 순치제와 동행하여 북경에 들어온 후 11월 20일 영구 귀국 길에 오르게 되었으니 두 달간 북경에 체류한 셈이다.

소현세자가 북경에 머물러 있던 바로 그 시간, 한 외국인 선교사가 새로운 중국의 주인 청으로부터 '시민권'을 획득하기 위해 노력하고 있었다. 바로 독일 출신의 예수회 선교사 아담 샬이었다. 아담 샬은 본래 명 황제를 위해 복무했지만 명은 이미 멸망해 버렸다. 외국인이었던 아담 샬에게 중요한 것은 중국 선교이지, 명나라가 아니었다. 그는 중국 선교를 이어가기 위해 도르곤에게 접근했다. 아담 샬은 청의 세계에서 살아남기 위해 자신의 쓸모를 증명해야 했다. 그는 유럽식 역법으로 제작한 달력을 바치며 천문 역산의 능력을 어필했다. 얼마 후 아담 샬은 중국의 천문 전문가들과 일식 시간의 예측을 두고 공개 대결을 펼쳐 승리했다. 11월 25일, 아담 샬은 흠천감정欽天監正에 임명되며 '시민권'을 획득했다.

청의 세계에서 살아남기 위해 고군분투하던 소현세자와 아담 샬은 바로 이 시기 북경에서 조우했다. 아담 샬의 회고록에 묘사된 두 사람의 만남을 소개하면 다음과 같다.

이 무렵 조선 임금이 석방되어 북경에 왔습니다. …… 조선 임금은 매우 정중히 저희 집으로 저를 방문했고 또한 자기 궁전에서 역시 정중히 저를 손님으로 맞아들였습니다. 그는 중국에서 역학曆學을 좀 더 익히려고 조선에서 역관曆官으로 일하는 이들 몇몇을 데려왔습니다. 저는 기꺼이 그들을 도와주었습니다. …… 제가 지닌 책들을 모조리 선물했습니다. 역서들뿐 아니라 교리서와 천구의, 구세주상도 선물했습니다. …… 임금이 친필 한문 서한을 보내어 "서책을 살펴보니 새로운 교리를 다루고 있었습니다. …… 제가 조선으로 돌아가 이것들을 인쇄하여 선비들에게 널리 알리겠습니다."
또 임금이 말하기를 "신부님의 동료들 가운데 한 분을 모시고 가서 백성들을 가르치도록 하고 싶습니다. 만약 그런 분이 없다면 세례를 받은 환관으로 대체해도 좋습니다." 그래서 저는 중국 전도 장상에게 예수회원 가운데서 어느 회원이든 조선

[그림 24] 아담 샬

아담 샬은 서양 과학에 대한 소양을 바탕으로 중국에서 활동했다.
초상화에 묘사된 서양식 세계지도와 지구의, 천문 관측 기구가 이를 의미한다.
* 출처: 위키피디아

임금을 따라가도록 해주십사 하고 간청했습니다(아담 샬, 《중국 전례보고서》).

아담 샬의 회고에 따르면 두 사람의 만남은 화기애애했다. 소현세자는 서양인 선교사들의 천문 역법 제작 기술에 감탄하여 역관을 대동해 아담 샬을 방문했다. 아담 샬 역시 소현세자에게 여러 천주교 서적들과 천구의, 천주상 등을 전달하며 화답했다. 이에 소현세자는 아담 샬에게 친필 서한을 보내 기독교 교리를 조선에 전파하겠다는 각오를 밝혔다. 또 소현세자는 선교사나 세례받은 환관의 파견까지 요청했다.

고달픈 인질 생활을 전전하던 소현세자가 북경에서 서양인 선교사를 만난 것도 모자라 그에게 천문 역법 기술은 물론 기독교 교리까지 전수받았다는 이야기는 당시 조선이 처해 있던 현실을 생각하면 놀랍다 못해 비현실적이기까지 하다. 하지만 이 놀라운 이야기가 아담 샬의 회고록에 남아 있으니 부정할 필요도, 방법도 없는 것이 사실이다. 그저 이 놀라운 만남을 받아들이면 될 뿐이다.

그런데 무언가 찝찝하다. 기록의 편향성 때문이다. 만남이라는 것은 양방향으로 이루어지는 것인데, 이 만남은 한쪽의 기록밖에 존재하지 않는다. 물론 이렇게 이야기할 수 있다. 그렇다 하더라도 아담 샬이라는 위대한 선교사의 회고록에 남아 있다면 문제없는 것 아닌가? 더구나 거룩한 종교적 신념을 위해 활동하는 선교사의 기록이라면 신뢰할 수 있지 않을까? 현실은 그리 녹록지 않다. 아담 샬이 신의 목소리를 대변하기 위해 일했다지만 신념만으로 활동할 수는 없다. 그는 자신의 성과를 홍보하여 유럽의 예비 선교사들이 중국 선교를 위해 일생을 헌신하도록 이끌어야 했고, 본국에서의 지속적인 후원이 이어질 수 있도록 노력해야 했다. 《중국전례보고서》의 간행에는 이러한 목적이 반영되어 있었다.

> 우리가 주님의 고난에 도달했을 때, 황제는 기적적으로 침상의 나무 위에 책을 내려놓고 무릎을 꿇었고, 내 자신도 그 곁에 무릎을 꿇어 내가 할 수 있는 온 영과 마음을 다하여 이 주의 깊고 헌신적인 교리 학습자에게 거룩한 신비를 설명했다. …… 이 위대한 군주는 그렇게 겸손히 무릎을 꿇고 열심히 내 설명을 들었으므로 내 눈물을 억제하기 어려웠다(아담 샬, 《중국전례보고서》).

이 인용문은 아담 샬이 기독교를 대하는 순치제를 묘사한 장면이다. 여기서 아담 샬은 순치제를 교리 학습자로 표현하며 사실상 준그리스도인으로 그린다. 그러나 아담 샬의 이러한 진술은 순수하게 받아들이기 어렵다. 순치제가 아담 샬 등 서양인들이 생활할 수 있는 천주당을 지어주며 내린 글에서 "짐이 따르고 받아들이는 것은 요순과 주공, 공자의 도일 뿐"이라고 공언했기 때문이다.

순치제와의 일화는 아담 샬의 기록을 액면 그대로 신뢰할 수 없는 결정적 증거이다. 그렇다면 소현세자와의 일화는 문제가 없는 것일까? 크게 세 가지 문제가 있다. 우선 소현세자가 대동했다는 역관의 존재이다. 역관은 천문을 관측하여 달력을 제작하는 기술자로, 조선에서는 중인 계층에 속한다. 그런데 심양과 북경에서 인질 생활을 하는 소현세자에게 천문 관측 기술자가 필요했을까? 실제로 기록 어디에서도 역관의 존재는 확인되지 않는다. 더구나 소현세자 일행은 만성적인 재정 부족에 시달리고 있었다. 불필요한 인원이라 판단될 경우 계속해서 줄여나갔다. 당장 쓸모가 없는 역관이 소현세자 곁에 있었을 가능성은 없다고 봐도 무방하다.

그렇다면 아담 샬은 허구의 내용을 회고록에 삽입한 것인가? 그렇다고 볼 수도 있고, 아니라고 할 수도 있다. 아담 샬은 흠천감의 대표가 되었고, 청은 서양식 역법으로 제작된 시헌력時憲曆을 공식 달력으로 채택했다. 그렇게 되자 청에서 제작한 달력과 조선에서 자체 제작한 달력 사이에 오차가 발생하기 시작했다. 동아시아 세계에서 시간은 황제가 통제하는 것이었는데, 황제가 사용하는 시간을 조선에서 정확히 알 수 없는 상황이 벌어진 것이다. 조선에서는 이 문제를 해결하기 위해 관상감觀象監 관원, 즉 역관을 청나라에 파견하여 시헌력 제작 기술을 습득하게 했다. 조선의 역관들이 실제로 흠천감과 천주당을 방문하여 서양인 선교사들로부터 천문학 지식을 학습했던 것이다. 다만 이상의 일들은 1648년 이후에 일어난다. 다시 말해 아담 샬은 1648년 이후에 일어난 일을 1644년 소현세자와의 만남에 끼워 넣은 것이다.

이렇게 의심을 품기 시작하자 의문스러운 대목들이 곳곳에서 눈에 띈다. 다음은 소현세자에게서 받았다는 소현세자의 '친필 서한'이 실제로 존재하는지 여부이다. 아담 샬의 회고록에는 소현세자의 서한이 라틴어로 번역되어 수록되어 있다. 물론 이는 유럽의 독자들을 의식한 행동일 것이다. 일국의 왕위 계승자가 우호적인 감정을 여과 없이 드러낸 친필 서한의 가치는 높다. 비록 자신의 회고록이 아니더라도 어딘가에 남겨두어 활용한다면, 종교적 활동의 결과물로 포장하기에 더없이 훌륭한 재료이다. 더구나 아담 샬은 소현세자를 '세자'가 아닌 '왕'으로 표현했다. 왕위계승자가 아닌 국왕이 직접 남긴 친필 서한이라면 그 가치가 천정부지로 치솟을 수밖에 없다. 하지만 어디에도 원본은커녕 한문으로 베낀 사본마저 존재하지 않는다.

마지막으로 아담 샬의 회고록에 기록된 소현세자의 신분 문제이다. 이미 인용문을 읽을 때부터 눈치 챈 독자도 있겠지만 아담 샬은 소현세자를 '조선 왕'이라고 표현했다. 인조가 심양이나 북경을 방문한 적은 없기에 인조와 아담 샬이 만난다는 것은 불가능했다. 중요한 점은 세자가 왕으로 표기되었다는 사실 그 자체이다. 만약 아담 샬이 정말 소현세자를 조선 왕으로 잘못 알았다면, 이는 아담 샬과 소현세자의 교유가 생각보다 깊지 않았음을 의미한다. 소현세자가 자신을 조선 국왕이라고 소개했을 리는 없을 테니까 말이다. 만약 아담 샬이 소현세자의 신분을 알면서도 왕으로 표기했다면, 이는 자신의 회고록이 과장된 기록임을 자인하는 것이 된다. 어느 쪽이든 회고록의 신뢰도에는 치명적일 수밖에 없다.

독살인가 병사인가

소현세자 서사는 역설적이게도 소현세자의 죽음으로 완성된다. 34세라는 젊은 나이, 그것도 영구 귀국 직후에 맞닥뜨린 죽음은 구설의 대상이 되기에 안성맞춤이었다. 더구나 소현세자와 인조 사이에 존재했던 미묘한 신경전은 상상력을 자극했다. 《인조실록》에 남아 있는 독살에 대한 증언은 그림을 완성시켰다. '현실을 직시한 소현세자가 명분에 사로잡힌 인조에 의해 독살되었다'는 그림 말이다.

그런데 '독살설'에서 언급하지 않는 또 다른 진실이 하나 있다. 소현세자가 심각할 정도로 병약했다는 사실이다. 소현세자가 인질로 심양에 가기 전 장면을 다시 떠올려보자. 인조는 도르곤을 찾아가 인사를 나누면서 세자와 대군의 병을 이유로 온돌방에 재워주길 청했다. 자식을 험한 곳으로 떠나보내는 아버지의 걱정이 담긴 부탁이라고 볼 수도 있지만 심양으로 향하는 여정을 살펴보면 단순한 우려는 아니었다. 실제로 소현세자는 심양으로 가는 도중에도, 심양에 도착한 이후로도 감기에 시달렸기 때문이다.

소현세자의 건강은 인질 생활 중에도 계속 문제가 되었다. 8년

간 소현세자가 질병으로 치료를 받은 횟수는 일일이 셀 수도 없을 정도로 잦았다. 1638년을 예로 들면 세자는 2월 22일~3월 9일까지 눈병, 3월 19~20일 감기, 4월 16일~5월 17일까지 곽란과 산증, 6월 11, 17일 산증, 6월 29일 종기 등으로 치료를 받았다. 다행히 하반기에는 크게 치료받은 기록이 없지만 전반기에만 50여 일을 치료에 소모한 셈이다. 이는 단순히 1638년 한 해의 문제가 아니었다. 소현세자의 건강 문제로 인질 기간 중 본국에서 특별히 약재와 어의를 보낸 것만 3차례에 이르렀다.

혹시 꾀병은 아니었을까? 고통스러운 인질 생활을 회피하기 위한 수단으로 말이다. 차라리 그랬으면 좋았겠지만 소현세자의 건강은 청나라 사람의 눈에도 우려스러울 정도였던 것 같다. 잉굴다이는 소현세자를 만나 너무 걱정이 많아 병든 것이 분명하니 여유를 가지라고 조언하기도 했다. 또한 1638년과 1639년에는 황제 홍타이지가 명과의 전쟁에 세자도 동행할 것을 명했으나 소현세자의 병환 때문에 봉림대군이 대신 참여하는 일도 있었다. 특히 1639년의 경우, 소현세자가 자신이 갈 수 있는 몸 상태임을 적극 어필했으나 오히려 청 측에서 세자가 말을 타는 데 익숙하지 않은 데다가 지병을 앓고 있으니 봉림대군이 참여하는 것이 좋겠다고 권할 정도였다. 항상 조선을 의심하던 청에서도 세자의 병약함만은 인정했던 것이다.

영구 귀국 과정에서도 소현세자의 건강 문제가 발생했다. 11월 20일 북경을 떠난 소현세자가 한양에 도착한 것은 2월 18일이었다. 대략 90일 정도가 소모된 셈이다. 통상 조선 사신들이 북경까지 이동하는 데 50~60일이 소요된다는 점을 고려하면 대략 한 달 이상이 더 소모된 것이다. 사신단의 경우 각종 검문을 통과해야 한다는 점을 고려하면 실제로는 더 오랜 시간이 지체된 것이다. 이렇게 귀국이 지체된 이유는 바로 소현세자의 건강 때문이었다.

건강이 악화된 상태로 한양에 도착한 소현세자는 집중 치료를 받았다. 2월 20일 세자의 증세가 심상치 않다고 판단한 약방에서는 어의가 진찰할 것을 건의하여 최득룡, 유후성, 박군 등의 어의가 진찰에 나섰다. 이들은 세자의 증세를 여독으로 판단하고 약재를 지어 올렸지만 증세는 호전되지 않았다. 그러자 2월 26일 침술에 일가견이 있는 이형익까지 추가 동원되었다. 다행히도 이형익의 투입 이후 증세가 호전되기 시작하여 3월 14일을 마지막으로 소현세자는 탕약과 침술 치료를 중단할 수 있을 정도로 회복되었다. 이형익의 공로가 아닐 수 없다. 하지만 행복은 오래가지 않았다. 4월 23일 병이 재발한 것이다. 최초로 세자를 진찰한 어의 박군은 세자의 증상을 학질로 진단하고, 그에 따른 처방전을 내렸다. 하지만 상황이 호전되지 않았고 이튿날 재차 이형익이 투입되었다. 이번에는 이형익의 치료도 효험이 없었다. 25일 오한을 잘 치료하기로 소문난 최득룡까지 추가 투입되어 상황을 반전시키려 했으나 기적은 일어나지 않았다. 26일 세자는 사망했다.

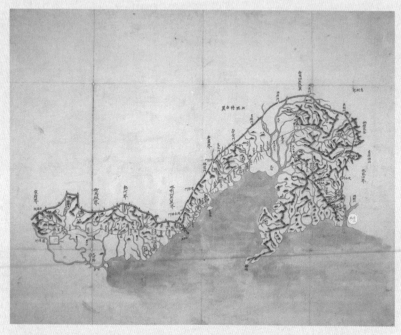

[그림 25] 《여지도》의 의주북경사행로

사행로 중 중국 경내에 해당하는 부분이다. 오른쪽 중간 아래 부분이 의주이다. 여기서부터 이어지는 가는 선이 사행로이다. 의주부터 북경까지는 통상 30일 내외가 소요되는데, 이는 심양에서 방물을 교부하고 산해관에서 입관 심사에 소요되는 시간을 포함한 것이다. 소현세자는 이런 절차를 거치지 않았을 것이기 때문에 더 짧은 시간이 소요되어야 했다.

* 소장처: 서울대학교 규장각한국학연구원

기존의 독살설에서는 《인조실록》의 기록을 토대로 건강하던 세자가 이형익의 침을 맞고 독살된 것으로 추정한다. 이러한 결론은 특정 사료에 기대어 원하는 결론을 도출하는 확증 편향에 가깝다. 심양 생활을 다룬 《심양일기》나 귀국 후 세자의 병세와 관련하여 상세한 정보를 전달하는 《승정원일기》를 함께 시야에 둔다면 독살설과 다른, 이런 식의 이야기도 가능하다.

세자는 이미 오래전부터 여러 가지 병환으로 고생을 하고 있었다. 더구나 1644년에는 일반인 수준에서도 감당하기 힘든 일정을 소화했다. 1643년 12월부터 1644년 3월까지 심양에서 한양을 왕복했으며, 심양에 도착하고 2주 만에 명과의 전쟁에 동원되었다. 1644년 5월 북경을 점령한 이후 다시 심양으로 돌아왔다가 9월 다시 북경으로 이동했으며, 11월 한양을 향해 출발했다. 전근대 교통수단을 감안한다면 그야말로 살인적인 스케줄을 소화한 것이다. 게다가 산해관을 통과한 이후 북경까지 가는 과정은 단순한 이동이 아니라 총탄과 화살이 빗발치는 군사작전이었다. 소현세자가 이미 지병을 앓고 있었음을 감안하면 온전한 건강 상태를 기대하기 어려운 상황이었다. 실제로 소현세자는 상당히 건강이 악화된 상태로 귀국했다. 도착한 이후 회복기를 거쳤다 하더라도 재발과 병세 악화로 인한 사망이 그리 어색한 그림이 아니다.

물론 독살설에 무게를 실어주는 이야기도 있다. 예를 들어 소현세자에게 마지막으로 침을 시술했던 인물은 이형익이었다. 소현세자가 사망하자 이형익의 죄를 물어야 한다는 목소리가 등장했다. 하지만 인조는 이형익 등 의관들의 죄를 묻지 않고 넘어갔다. 여기에서부터 인조와 이형익의 관계를 의심하는 분위기가 형성되었다.

그런데 양사나 대신들의 공격이 이형익에게 집중되었다는 점에 주목할 필요가 있다. 앞에서 살핀 것과 같이 4월 23일 소현세자의 병이 재발했을 때 치료에 동원된 의관은 박군과 이형익, 최득룡이었다. 이 세 명은 각자의 방식으로 동시에 소현세자를 치료했고, 하필 소현세자의 마지막 순간에 치료를 담당했던 인물이 바로 이형익이었다. 이형익의 침을 맞은 직후 소현세자가 사망했기 때문에 이형익의 죄가 가장 큰 것으로 보이지만 세 명 모두 치료에 실패했다는 점에서는 동일하다. 따라서 소현세자 치료 실패의 책임을 묻는다면 세 명에게 함께 묻는 것이 공정한 처사라고 할 수 있다.

하지만 양사나 대신들의 집중적인 공격 대상은 이형익이었다. 그 이유는 이형익의 치료 방법이 이전부터 논란의 대상이었기 때문이다. 이형익은 번침燔鍼이라는 독특한 방법으로 침을 놓았다. 침을 뜨겁게 달군 상태에서 놓는 것으로 추정된다. 내의원 출신이 아니었던 이형익은 번침 덕분에 이름을 날려 1633년 특채로 채용되었고, 이후 인조의 치료를 담당한다. 인조가 이형익을 신임한 이유는 자신의 질병이 저주에서 비롯되었고, 이형익의 번침술이 삿된 기운을 다스리는 데 효과가 있다고 믿었기 때문이다. 반면 신료들은 이형익을 근본도 없는 치료법을 가지고 사람들을 현혹하는 사기꾼으로 봤다. 더구나 뜨겁게 달군 침으로 임금의 옥체에 시술한다고 하니 어떻게든 이 경악할 치료를 중단시키고 싶었다. 당연히 이형익에 대한 공격은 1633년 특채로 임용된 직후부터 반복되었다. 소현세자 사망 이후 일어난 이형익에 대한 추궁도 이러한 맥락에서 읽을 필요가 있다. 신료들의 입장에서 이형익은 진작 처리되었어야 마땅한 인물이지만 명분이 없었다. 하지만 이제는 소현세자 사망이라는 확실한 명분이 생긴 것이다.

양사가 아뢰었다. "왕세자의 증세가 하루아침에 갑자기 악화되어 끝내 사망하는 지경에 이르렀습니다. 여러 사람들은 한결같이 의원의 진찰이 잘못되었고 침과 약을 잘못 썼기 때문이라고 생각합니다. 의원 이형익은 사람됨이 망령되어 괴상하고 황당한 술법을 자신하고 있습니다. …… 세자가 오한을 겪으신 이후에는 증세도 판단하지 못하고 날마다 침만 놓았으니 신중하지 않게 망령되이 행동한 죄를 다스리지 않을 수 없습니다. 이형익을 잡아다 국문하여 죄를 정하고 증세를 진찰하고 약을 처방하였던 의관도 아울러 잡아다 국문하여 죄를 청하도록 하소서."
임금이 답하였다. "여러 의원들이 신중하지 않게 행동한 일이 없으니 굳이 잡아다 국문할 필요는 없다."(《인조실록》 권46, 23년 4월 27일 기묘)

소현세자 사망 다음날 양사에서는 의관들에게 책임을 물어야 한다는 의견을 제기했다. 양사의 발언에서 이형익과 다른 의관들을 대하는 온도 차이가 확실하게 느껴진다. 이형익의 경우, 평소의 행실이나 의료 기술까지 비판하는 반면 다른 의관들은 의료과실의 책임만 묻고 있다. 인조는 이형익 개인에 대한 비판에 대해서는 따로 언급하지 않고 소현세자 사망은 의료과실이 아니기에 의관들을 처벌할 필요는 없다고 답변했다. 양사가 의료과실을 명분으로 이형익을 처분하려 했다면, 인조는 쟁점을 의료과실 여부로 돌린 후 '과실 없음'이라고 결론 내린 것이다.

물론 이형익에 대한 공격에 일정한 의도가 개입되었다고 해서 그것이 이형익의 무죄를 증명하는 것은 아니다. 이 문제와 관련해서도 세 명의 의관에 주목할 필요가 있다. 4월 23일부터 26일까지 소현세자 치료에 동원된 박군과 이형익, 최득룡 등은 시차를 두고 단독 진료를 한 것이 아니다. 소현세자가 사망한 26일만 하더라도 오전에 세자는 최득룡이 처방한 자호탕柴胡湯을 먹고 더욱 병세가 위중해졌다. 그러자 약방에서는 이형익의 번침으로 위기를 넘기려 했지만 결과적으로 소현세자는 번침을 맞은 직후 사망했다. 이러한 치료 방식은 24일과 25일에도 확인된다.

세 명의 의관이 실시간으로 치료에 동원되고 있었기 때문에 만약 한 사람이 의도적으로 상황을 악화시키려 했다면 나머지 두 명의 의관이 분명 눈치를 채고 조치를 취했을 것이다. 세자가 사망할 경우 자신들도 처분의 대상이 될 수 있기 때문이다. 만약 인조가 의관을 이용해 소현세자를 독살하려고 했다면 이형익 한 사람이 아니라 세 명의 의관을 모두 섭외해야 한다. 조금 더 정확히 이야기한다면 궁궐 내의 내약방內藥房과 내의원內醫院 전체를 포섭해야 한다. 의관의 동원과 치료 방식을 내약방과 내의원에서 관장하기 때문이다. 아무리 인조가 한 나라의 국왕이라 하더라도 어떤 조직 전체를 완벽히 통제하는 것이 가능했을까? 그러한 극단적 가정을 배제한다면 소현세자 치료는 적어도 과정 면에서는 문제없이 진행되었다고 볼 수 있다. 다만 결과가 좋지 않았을 뿐이다. 인조가 앞서 의료과실이 아니라고 판단했던 것 역시 이러한 치료 과정이 정상적으로 작동했음을 알았기 때문일 것이다.

이형익이 소현세자 독살의 공범이라고 한다면 또 한 가지 의문이 남는다. 이형익은 왜 2월 말이 아니라 4월 말을 거사 시점으로 잡은 것일까? 소현세자는 건강이 악화된 상태로 한양에 도착했다. 청나라에서 병을 얻어온 데다가 내로라하는 어의들이 달려들어도 회복시키지 못하는 상태였다. 이형익이 투입되어 치료에 실패하더라도 의심할 사람은 많지 않았을 것이다. 굳이 소현세자를 독살할 생각이었다면 2월 말을 거사 시점으로 택하는 것이 합리적이다. 인조가 처음에는 소현세자를 독살할 생각이 없었다가 귀국한 세자를 대면한 이후 생각이 바뀐 것일까? 이러한 가정에도 여전히 의문은 해소되지 않는다. 소현세자가 이형익의 치료 덕분에 3월 14일 이후로는 탕약을 복용하거나 침을 맞지 않아도 될 정도로 회복되었기 때문이다. 독살이라는 형태로 소현세자를 암살하려 계획했을 경우 언제일지도 알 수 없는 소현세자의 건강 악화를 기다려야만 하는 상황이었다. 만약 소현세자가 완전히 건강을 회복해서 치료가 불필요한 상황이 지속된다면 독살은 기약할 수 없는 일이 된다. 인조는 그런 불확실한 가능성에 미래를 걸었을까?

소현세자의 독살을 지지하는 《인조실록》의 기사가 인조의 무고함을 동시에 언급하고 있는 점도 주목할 필요가 있다. 소현세자 염습에 참여했던 이세완은 독살의 흔적이 보인다고 주장하면서도 인조 역시 세자의 중독 사실을 몰랐다고 증언했다. 물론 이는 인조를 자식 살해범으로 지목할 수 없었던 시대적 한계에서 비롯된 증언일 수 있다. 하지만 반대로 인조가 정말 소현세자 독살을 지시했다면, 독살의 증거인 소현세자의 시체를 무방비 상태로 방치했을까?

《인조실록》의 기사가 독살을 뒷받침하는가에 대해서도 고민할 필요가 있다. 2024년 SBS '그것이 알고싶다' 유튜브 채널에서 제작된 〈사인의 추억〉 2편에서는 소현세자의 죽음을 다루었다. 법의학자 유성호는 이세완이 증언한 소현세자의 시신 형상은 독살의 증거라기보다는 부패의 결과로 판단하는 것이 합리적이라고 분석했다. 유성호는 또한 소현세자의 증상을 장기적 관점에서 분석하면 제1형 당뇨병일 확률이 높다는 의견도 내놓았다. 물론 이러한 분석은 유성호 스스로도 언급했듯이 현대 의학과 다른 형태로 기술되어 있는 과거의 기록을 토대로 이루어진 것이기 때문에 맹신할 수는 없다. 다만 유성호의 분석에서 주목할 부분이 있다.

법의학자의 시선에서 봤을 때 소현세자의 당뇨 증세는 1640년 하반기부터 눈에 띄게 악화되는데 악화의 요인으로는 극심한 스트레스가 작용했을 가능성을 제시했다. 흥미롭게도 이 시기는 바로 소현세자가 1차 귀국 이후 일탈을 시작한 바로 그 시점이다.

이상의 사실들을 종합해봤을 때 소현세자는 오래전부터 지병을 앓아왔고, 인조와의 관계로 인해 악화되었을 가능성이 높다. 인조가 직접 소현세자의 독살을 사주하고 이형익이 독살을 수행했다는 기존의 독살설은 상황을 반전시킬 만한 새로운 사료가 등장하지 않는 이상 받아들이기에는 무리가 있다.

內辭緣往見馬將反覆開說則馬將以爲講之後

萬無此理無乃中間虛說是如辭氣詰之不爲信

聽爲白去之臣等以中路適值才子時伯牧子男伊

稱名人初旬被擄於南漢城下方在陣一行

下人明白相見之意立證顯其實狀則馬將

曰果若此言極爲不當不可不明白□□

便其胡人及得見男伊人同力詰問爲白乎

소현세자의 죽음은 비극적인 사건이다. 많은 이들이 이 비극적 사건으로 인해 조선의 마지막 희망이 좌절되었고, 궁극적으로 근대화에 실패했다고 평가한다. 그런데 한 가지 흥미로운 점은 소현세자에게서 근대화의 씨앗을 처음 발견한 사람이 일본인 학자 야마구치 마사유키였다는 사실이다. 그는 소현세자와 아담 샬의 교유를 조선 역사상의 대사건이자 획기적인 영향력을 미칠 수 있었던 만남으로 평가했다. 그는 왜 이러한 평가를 남겼던 것일까?

조선이 일본의 식민지가 된 이후 많은 일본인과 조선인 학자들은 조선이 근대화에 실패한 이유를 찾아 나섰다. 일본인 학자들은 조선이 식민지가 될 수밖에 없었던 근거를 찾기 위해서, 조선인 학자들은 지난 역사를 반성하고 원대한 미래를 꿈꾸기 위해서 말이다. 그 과정에서 재조명된 것이 바로 광해군이나 소현세자와 같은 인물들이었다. 즉 조선에도 나라를 근대화로 이끌 수 있는 가능성을 가진 인물들이 존재했지만, 이들이 그러한 가능성을 펼쳐 보기도 전에 사라지면서 암울한 미래를 맞이했다는 것이다. 소현세자에게서 근대화의 가능성을 엿보았다는 지점에서 지금의 '소현세자 서사'는 100년 전 조선에서 활동했던 식민사학자들의 시선과 크게 다르지 않다.

잊지 말아야 할 것은 소현세자의 죽음과 별개로 조선의 역사가 생동감을 잃지 않았다는 점이다. 흔히 소현세자를 서양 문물 수용의 상징적인 인물로 기억하고 있지만, 소현세자의 존재와 별개로 서양 문물은 지속적으로 조선 사회에 유입되었다. 1602년 마테오 리치가 제작하여 명나라 조정에 진상한 〈곤여만국전도坤與萬國全圖〉가 조선에 전달되기까지 걸린 시간은 1년에 불과했다. 마테오 리치는 아담 샬보다 한 세대 앞서 중국 선교를 실천했던 예수회 선교사였다. 또 1644년 청나라가 시헌력을 채택한 이후 조선 조정에서 시헌력 수용의 필요성을 논의한 것은 1645년의 일이었으며, 관상감원을 청나라에 파견하기까지는 5년이 채 걸리지 않았다.

과학기술만 수용한 것도 아니었다. 천주교 교리를 담은 다양한 서적들이 조선에 유포되어 평생 한 차례도 관직을 역임하지 못하고 안산에 칩거했던 성호 이익에게까지 전달된 것은 결코 우연이 아니다. 물론 이익은 천주교를 부정적으로 평가했지만 제자들까지 그의 뜻을 따른 것은 아니었다. 단 한 명의 성직자도 파견되지 않은 조선 땅에서 자발적인 천주교인이 탄생한 것이다.

그렇다면 조선은 왜 근대화에 실패했는가? 이 문제를 따지기 전에 '당시 수용되었던 서양 문명이 충분히 근대적이었는가'라는 질문을 먼저 던져야 한다. 예수회 선교사들이 활동하던 시기 서구 과학의 최종 목적은 신의 존재와 능력을 증명하는 것이었다. 물론 서구 과학의 일부 영역, 예컨대 천문학의 성과는 동아시아의 수준보다 높았다고 평가할 수 있을 것이다. 하지만 이 역시 우리가 생각하는 수준의 근대 과학에는 도달하지 못했다. 중세 과학 수준에 머물러 있던 예수회 선교사들의 지식으로 근대화의 가능성을 따지는 역설적인 상황이 반복되고 있는 것이다.

그럼에도 불구하고 근대화 실패의 책임을 너무 쉽게 조선의 폐쇄성에 돌리고 있다. 조선은 생각만큼 폐쇄적이지 않았고, 소현세자라는 존재와 무관하게 서양 문물을 지속적으로 받아들이고 있었다. '소현세자 서사'는 소현세자에게 조선의 미래를 위임하고, 소현세자의 죽음을 조선의 좌절과 동일시하고 있다. 하지만 조선은 소현세자의 죽음 이후로도 250년 이상 존속했다. '조선의 미래'는 오래 지속되었다.

마지막으로 혹시 있을 수 있는 오해를 미리 풀어두고자 한다. 이 책은 소현세자의 자질을 검증하는 것이 목적이 아니다. 병자호란 패배의 모든 책임을 짊어져야 했던 인조와 그동안 근대화의 열망에 대한 기대를 감당해야만 했던 소현세자라는 구도 속에서 소모되고 있는 '영웅' 소현세자를 구출하고, 역사적 격변기를 살아왔던 당대의 '인간' 소현세자를 마주보기 위한 시도였다.

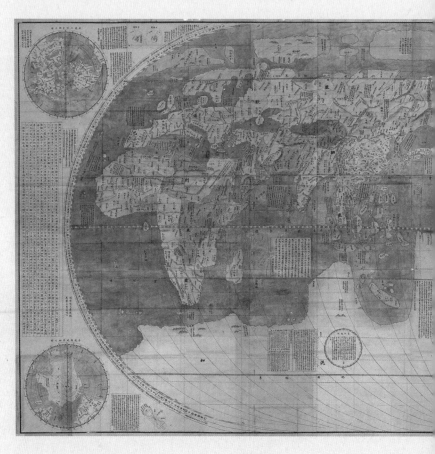

[그림 26] 〈곤여만국전도〉

1602년 예수회 이탈리아인 신부 마테오 리치와 명나라 학자
이지조李之藻가 함께 만들어 목판으로 찍어 펴낸 지도.
조선에는 1년 후인 1603년에 전달되었다.

* 소장처: 도호쿠대학교 도서관

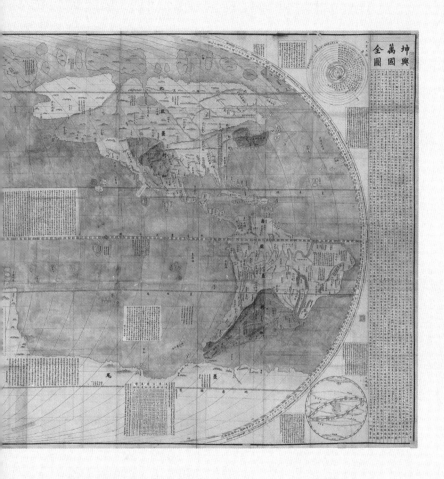

191

소현세자는 조선의 차기 왕위 계승권자인 동시에 인질의 신분으로 심양에 머물렀다. 1637년, 26세에 불과했던 소현세자는 심양에 머무는 8년 동안 세자로서, 인질로서, 그리고 한 명의 인간으로서 살아남기 위해 고군분투해야만 했다. 당시 청의 수도였던 심양에서는 힘의 우위를 확인받으려는 청의 의지와 자율성 및 독립성을 확보하려는 조선의 시도가 사사건건 충돌하고 있었다. 소현세자가 위치했던 심양관은 그러한 충돌의 직격탄을 매순간 온몸으로 받아내야만 했다. 그 현장에서 소현세자는 때론 능숙하게, 때론 미숙하게, 하지만 치열하게 살아나갔을 것이다.

분명 소현세자는 차기 왕위 계승권자로서 자신이 꿈꾸는 조선의 미래가 있었을 것이다. 17세기 중반 소현세자가 그린 미래는, 아마도 21세기를 살아가는 우리의 바람과는 많이 달랐을 것이다. 미래를 알 수 없는 소현세자의 입장에서 선택할 수 있는 삶의 방향은 그리 넓지 않았다. 청 황제 홍타이지와 조선 국왕 인조의 기대, 그 사이 어느 지점에서 항상 처신을 결정지어야만 했을 것이다. 심양관의 재신들은 든든한 동료였지만, 소현세자를 지켜보는 감시자의 역할도 함께 수행했다. 원대한 미래를 꿈꾸기에는 너무도 무거운 짐이 항상 어깨를 짓눌렀다. 그리고 그 짐은 이내 소현세자의 건강을 위협했다.

과거의 인물에게 현재의 열망을 투사하는 것은 지극히 자연스러운 행위이다. 하지만 그 열망이 자칫 과도할 경우 과거의 역사적 사실을 왜곡할 가능성이 있다. 그렇기 때문에 현재와 과거는 끊임없는 긴장 상태에 놓여야만 한다. 현재의 과도한 열망으로 시계추가 기울어졌다면 돌려놓아야 한다. 소현세자 역시 마찬가지이다. 21세기의 '영웅' 소현세자가 아니라 17세기 격변기의 '인간' 소현세자에 주목해야 하는 이유이다.

• 참고문헌

《동문휘고》

《비변사등록》

《승정원일기》

《심양일기》

《심양장계》

《인조실록》

《청세조실록》

《청태종실록》

《효종실록》

구범진, 《병자호란, 홍타이지의 전쟁》, 까치, 2009.

김한규, 《한중관계사》 II, 아르케, 1999.

마크 C. 엘리엇, 이훈·김선민 옮김, 《만주족의 청제국》, 푸른역사, 2009.

오항녕, 《광해군: 그 위험한 거울》, 너머북스, 2012.

이능화, 《朝鮮基督敎及外交史》, 朝鮮基督敎彰文社, 1928.

이덕일, 《누가 왕을 죽였는가》, 푸른역사, 1998.

이블린 S. 로스키, 구범진 옮김, 《청 황실의 사회사》, 까치, 2010.

한명기, 《임진왜란과 한중관계》, 역사비평사, 1999.

한명기,《광해군: 탁월한 외교 정책을 펼친 군주》, 역사비평사, 2000.

_____,《정묘·병자호란과 동아시아》, 푸른역사, 2009.

周遠廉·趙世瑜,《皇父攝政王多爾袞全傳》, 吉林: 吉林文史出版社, 1986.

領木開,《明淸交替と朝鮮外交》, 刀水書房, 2021.

계승범, 〈광해군, 두 개의 상반된 평가〉,《韓國史學史學報》32, 2015.

김경미, 〈소현세자의 '청' 체험과 문화 수용〉,《한국문화연구》10, 2006.

김남윤, 〈《瀋陽日記》와 昭顯世子의 볼모살이〉,《奎章閣》29, 2006.

_____, 〈조선여인이 겪은 혼란, 이역살이, 환향의 현실과 기억—소현세자빈 강씨를
    중심으로〉,《역사연구》17, 2007.

김문식, 〈소현세자의 외교 활동〉,《선비문화》4, 2004.

김용덕, 〈昭顯世子硏究〉,《史學硏究》18, 1964.

_____, 〈現實主義의 敗北 昭顯世子〉,《人物韓國史》4, 博友社, 1965.

김윤정, 〈17세기 昭顯世子 喪禮의 성격과 의미〉,《한국학연구》40, 2016.

김종덕, 〈소현세자 병증과 치료에 대한 연구〉,《규장각》31, 2007.

김훈, 〈소현세자 사인에 관한 고찰〉,《대한한의학원전학회집》19-3, 2006.

박민수, 〈1644년 山海關 전투와 淸軍의 北京 입성〉,《中國史硏究》110, 2017.

_____, 〈攝政王 도르곤의 北京 점령과 遷都의 실행〉,《명청사연구》48, 2017.

박주, 〈조선후기 소현세자빈 강씨의 리더십에 대한 재조명〉,《韓國思想과 文化》62, 2012.

성당제, 〈丁卯胡亂時 昭顯分朝와 世子의 役割—《昭顯分朝日記》를 중심으로〉,《奎章閣》31,
    2007.

송미령, 〈入關 前 淸朝의 瀋陽館 統制樣相〉,《明淸史硏究》30, 2008.

신명호, 〈《승정원일기》를 통해 본 昭顯世子의 病症과 死因〉,《史學硏究》100, 2010.

신병주, 〈임진왜란 시기 광해군의 分朝 활동과 그 사회 통합적 영향〉,《문학치료연구》51, 2019.

신항수, 〈소현세자는 왜 급살되었나〉,《내일을 여는 역사》10, 2002.

안유림, 〈명청교체기 瀋陽館의 역할〉,《한국문화》50, 2010.

오항녕, 〈내상內傷과 외상外傷을 넘어—인조시대 대내외 정책〉,《한국불교사연구》4, 2014.

이명제, 〈17세기 청·조선 관계 연구〉, 동국대학교 박사학위논문, 2021.

_____, 〈소현세자 서사의 탄생과 역사 속의 소현세자〉, 《역사와 현실》 125, 2022.

_____, 〈소현세자의 2차 귀국을 통해 본 도르곤의 對조선 전략〉, 《동양사학연구》, 160, 2022.

_____, 〈외교문서를 통해 본 도르곤 섭정기 조·청 외교〉, 《동양사학연구》, 164, 2023.

장정수, 〈17세기 전반 朝鮮과 後金·淸의 國交 수립 과정 연구〉, 고려대학교 한국사학과 박사학위논문, 2020.

이원순, 〈天主敎〉, 《韓國史論》 4, 국사편찬위원회, 1976.

이이화, 〈소현세자—시대를 잘못 만난 비운의 왕자〉, 《이야기 인물한국사》 3, 한길사, 1993.

이재경, 〈入關 이전 '莊(톡소)'의 형성 및 운영—崇德 연간 《審陽狀啓》의 農所 관련 기록을 중심으로〉, 《서울大 東洋私學科論集》 34, 2010.

장정란, 〈昭顯世子 硏究에 있어서의 몇 가지 問題〉, 《교회사연구》 9, 1994.

조성을, 〈又仁 金龍德의 韓國史硏究〉, 《中央史論》 28, 2008.

주재용, 〈山口正之著〈朝鮮西敎史〉參訂〉, 《柳洪烈博士華甲紀念論叢》, 탐구당, 1971.

차기진, 〈天主敎 受容과 發展에 관한 연구〉, 《韓國史論》 28, 국사편찬위원회, 1998.

채홍병, 〈丁卯盟約(1627) 以後 朝鮮의 對後金 關係 추이와 파탄〉, 고려대학교 한국사학과 석사학위논문, 2019.

최소자, 〈淸初의 王位繼承과 多爾袞〉, 《梨大史苑》 9, 1970.

_____, 〈淸廷에서의 昭顯世子〉, 《全海宗博士 華甲紀念史學論叢》, 일조각, 1979.

한명기, 〈광해군의 對外政策 再論〉, 《한국불교사연구》 2, 한국불교사연구소, 2013.

_____, 〈李适의 亂이 仁祖代 초반 대내외 정책에 미친 여파〉, 《전북사학》 48, 2016.

허태구, 〈昭顯世子의 瀋陽 억류와 人質 체험〉, 《韓國思想史學》 40, 2012.

황정욱, 〈소현세자와 아담 샬〉, 《신학논단》 69, 2012.

山口正之, 〈昭顯世子と湯若望〉, 《靑丘學叢》 5, 靑丘學會, 1931.

劉爲, 〈試論攝政王多爾袞的朝鮮政策〉, 《中國邊疆史地硏究》 15-3, 2005.

• 찾아보기

197

금요일엔 역사책 ⑩

소현세자는 말이 없다
독살설에서 영웅 신화까지

2024년 6월 30일 1판 1쇄 발행
2024년 7월 16일 1판 2쇄 발행

지은이   이명제
기획   한국역사연구회
펴낸이   박혜숙
디자인   이보용
펴낸곳   도서출판 푸른역사
             우) 03044 서울시 종로구 자하문로8길 13
             전화: 02)720−8921(편집부) 02)720−8920(영업부)
             팩스: 02)720−9887
             전자우편: 2013history@naver.com
             등록: 1997년 2월 14일 제13−483호

• 잘못 만들어진 책은 교환해드립니다.